Manassas (Bull Run) National Battlefield Park, Virginia [1953]

Francis Wilshin

Writat

Diese Ausgabe erschien im Jahr 2023

ISBN: 9789359250205

Herausgegeben von
Writat
E-Mail: info@writat.com

MANASSAS
(*Bullenlauf*)
NATIONAL BATTLEFIELD PARK
Virginia

von Francis F. Wilshin

Kriegsfoto des Steinhauses, das immer noch als auffälligstes Wahrzeichen der ersten und zweiten Schlacht von Manassas gilt . Mit freundlicher Genehmigung des Nationalarchivs.

Der Manassas National Battlefield Park bewahrt den Schauplatz zweier berühmter Schlachten des Bürgerkriegs. Das erste wird als Eröffnungsgefecht dieses großen Konflikts für immer in Erinnerung bleiben, während das zweite, das etwa ein Jahr später ausgetragen wurde, den Weg für Lees erste Invasion im Norden ebnete. In jedem Fall errangen die Waffen der Konföderierten einen großen Erfolg und bedrohten die Landeshauptstadt gefährlich.

Der Bürgerkrieg war vielleicht das dramatischste und bedeutendste Ereignis in der Geschichte der Vereinigten Staaten als unabhängiger Staat. Es war der Höhepunkt eines halben Jahrhunderts sozialer, politischer und wirtschaftlicher Rivalitäten, die aus einer Wirtschaft entstanden, die halb Sklave, halb frei war. Im Wettlauf um territoriale Expansion im Westen, in der Entwicklung der Theorien der zentralisierten Regierung und in der Konzeption der Rechte des Einzelnen wurden diese Rivalitäten so intensiv, dass sie nur in der düsteren Realität des Bürgerkriegs eine Lösung fanden.

Auf den großen Schlachtfeldern dieses Krieges, die sich von der mexikanischen Grenze bis nach Pennsylvania erstreckten, wurden diese Differenzen in einem neuen Konzept der nationalen Einheit und einer Ausweitung der Freiheit gelöst. Im Umfang seiner Operationen, in der Höhe seiner Kosten an Menschenleben und finanziellen Ressourcen hatte der Krieg, wenn überhaupt, nur wenige Parallelen zur Vergangenheit. Sein Einfluss auf die Zukunft war tief und nachhaltig, sein heldenhaftes Opfer eine inspirierende Hommage an den Mut und die Tapferkeit des amerikanischen Volkes.

Die ersten Kriegstage

Der Blitz und das dumpfe Dröhnen eines 10-Zoll-Mörsers am 12. April 1861 verkündeten einer erschrockenen Landschaft den Abschuss der Eröffnungswaffe des Bürgerkriegs. Zwei Tage später ergab sich Fort Sumter. Der Nachhall dieses Schusses sollte die Grundfesten der Nation erschüttern. Vorbei war die Zeit der Apathie und Unentschlossenheit. Die Ereignisse bewegten sich nun mit blitzartiger Geschwindigkeit.

Am 15. April rief Lincoln 75.000 Freiwillige auf, und schon bald strömten Truppen nach Washington. Am 23. Mai stimmte Virginia für die Ratifizierung der Sezessionsverordnung, und am nächsten Tag überquerten Kolonnen von Bundestruppen den Potomac und eroberten Alexandria und Arlington Heights. Acht Tage später wurde Richmond zur Hauptstadt der Konföderation und zum Hauptziel der Bundesarmeen im Osten. Virginia erstreckte sich vom Ohio bis zur Chesapeake Bay und war der reichste und bevölkerungsreichste Bundesstaat der Konföderation. Hier gab es reiche natürliche Ressourcen und ein dichtes Netz von Eisenbahnen und Autobahnen für den Militärtransport. Diese militärischen Vorteile wurden jedoch durch die tiefen Gewässer, die einen Großteil des Staates flankierten, etwas zunichte gemacht, was seine Anfälligkeit für Angriffe der Bundesregierung erhöhte.

Direkt gegenüber einer der Hauptstraßen, die von Norden nach Richmond führten, lag Manassas, eine kleine Eisenbahnsiedlung, nur wenige Meilen östlich der Bull Run Mountains. Hier bildete die Orange and Alexandria Railroad einen Knotenpunkt mit der Manassas Gap-Linie, die sich nach Westen durch den Blue Ridge bis nach Strasburg in der Nähe von Winchester erstreckte. Durch die Eroberung dieses bedeutenden Knotenpunkts, der etwa 25 Meilen südwestlich von Washington liegt, konnte die Bundesarmee der Orange und Alexandria südwestlich bis Gordonsville folgen und von dort über die Virginia Central ostwärts nach Richmond vordringen. Zusammen mit gut unterstützenden Autobahnen würde dies eine Überlandanfahrt gewährleisten, die viele der natürlichen Hindernisse umgehen würde, die auf der kürzesten Route durch Aquia Creek und Fredericksburg zu finden sind.

Die Bedeutung von Manassas war auch für die Konföderierten offensichtlich. Bereits am 6. Mai hatte Oberst St. George Cocke , Kommandeur des Potomac-Departements, eine Depesche von General Robert E. Lee erhalten: „Sie werden gebeten, bei Manassas Gap Junction eine Streitmacht zu postieren, die ausreicht, um diesen Punkt gegen einen Angriff zu verteidigen." wahrscheinlich werden Truppen aus Washington dagegen vorgehen."

Die ersten Truppen, die eintrafen, waren zwei rohe, ungeübte und ununiformierte irische Regimenter aus Alexandria, bewaffnet mit veränderten Musketen. Am 14. Mai konnte Cocke Lee schreiben, dass es ihm gelungen sei, eine Streitmacht von 918 Mann in Manassas zusammenzustellen. Dass er sich der militärischen Bedeutung des Gebiets klar bewusst war, geht aus seiner *Depesche* an Lee am nächsten Tag hervor: „Es ist offensichtlich, Sir, mit einem starken Armeekorps *in* Manassas und mindestens einer Division in Winchester Da zwei Körper durch eine durchgehende Eisenbahn durch Manassas Gap verbunden sind, sollten auf dieser Straße jederzeit ausreichend Transportmittel vorhanden sein. Diese beiden Kolonnen – eine in Manassas und eine in Winchester – könnten problemlos zusammenarbeiten und sich auf den einen oder anderen Punkt konzentrieren." Hier lag also ein bedeutender Keim der Strategie der Konföderierten.

Als eine Phase dieser Strategie hat Brig. General Joseph E. Johnston war ausgesandt worden , um das Kommando über die etwa 12.000 Mann starke konföderierte Streitmacht zu übernehmen, die am nördlichen Ende des Shenandoah Valley bei Harper's Ferry stationiert war. Hier befand sich das Tor zum Norden durch das Cumberland Valley in Maryland und hier verlief die große Baltimore and Ohio Railroad, die Washington mit dem Westen verband. Aber Generalmajor Winfield Scott, damals Kommandeur der Armee der Vereinigten Staaten, hatte Generalmajor Robert Patterson mit einer Streitmacht von etwa 18.000 Mann entsandt, um diese strategische Position zu erobern und die Kreuzung unter allen Umständen zu verhindern Johnstons Streitkräfte mit der konföderierten Armee bei Manassas.

Die Konföderierten setzen auf die Verteidigung von Manassas

Am 1. Juni wurde Brig. General Pierre GT Beauregard, der konföderierte Held von Fort Sumter, traf ein, um das Kommando in Manassas zu übernehmen. Zwei Tage später schrieb er an Präsident Jefferson Davis und bat um Verstärkung. Zu diesem frühen Zeitpunkt erschienen die Verteidigungsanlagen von Manassas in den Augen eines englischen Artillerie-Leutnants, der sie bei seiner Ankunft in der Nacht zum ersten Mal alles andere als beeindruckend sah: „Ich konnte kaum glauben, dass dies ein großes Militärdepot war, da es nichts gab in meinem Blickfeld, um anzuzeigen, dass dies der Fall war. Die Station selbst war ein niedriges, einstöckiges Gebäude mit einer Länge von etwa fünfundzwanzig Fuß, in dem Ballen und Kisten verstreut lagen; Ein nahegelegenes Einkehrhaus war wenig einladend, und bis auf ein oder zwei hier und da verstreute kleine Hütten war nichts zu sehen."

Brigg. General Pierre Gustave Toutant Beauregard befehligt die konföderierte Potomac-Armee. Mit freundlicher Genehmigung des Nationalarchivs.

Bis Ende Juni hatte sich dieses Bild grundlegend geändert. Die Straßen, die Felder und die Stadt waren zu Tausenden mit Soldaten gefüllt. Rund um die Kreuzung waren massive Befestigungsanlagen errichtet worden, die vom Bahnhof in verschiedene Richtungen abliefen. Durch die Schießscharten dieser Erdwerke richteten die Mündungen schwerer Kanonen drohend auf Washington. Hektar Bäume waren gefällt worden, um der Artillerie freie Reichweite zu geben, und an Schlüsselpositionen entlang der Front standen Männer an ihren Kampfstationen ständig auf der Hut. Auf dem offenen Land waren Lager wie Pilze aus dem Boden geschossen, und hier konnte man Truppen in und ohne Uniform fast ununterbrochen bei der Übung beobachten.

Am 23. Juni konnte Beauregard dem Kriegsminister der Konföderierten mitteilen, dass er aufgrund der kürzlich erhaltenen großen Verstärkungen in der Lage war, seine Streitkräfte in sechs Brigaden aufzuteilen, die von Bonham, Ewell, DR Jones, Terrett, Cocke und Early kommandiert wurden . Vorausabteilungen waren an wichtigen Punkten stationiert, darunter Centreville, Fairfax Court House, Germantown, der Kreuzung der Old Braddock Road mit der Fairfax Court House Road und an Sangster's Crossroads. Während der Hauptteil seiner Truppen teilweise entlang des Bull Run, von Union Mills bis zur Stone Bridge, verschanzt war, beobachtete Beauregard genau die Vorbereitungen des Bundes für einen Vormarsch.

Als die Spannung zunahm, kam es immer häufiger zu Alarmen. Männer ohne Stiefel, Hut und Mantel stürmten oft unter dem „Bums, Bums der großen Trommeln" in die Versammlung. Gerüchte über den Vormarsch der Bundesregierung „erfüllten jede Brise". In einer Depesche vom 9. Juli teilte Beauregard Präsident Davis mit: „Die Streitkräfte des Feindes nehmen zu und rücken täglich auf dieser Seite von Potomac vor. Er wird bald mit sehr überlegenen Zahlen angreifen. Es sollte keine Zeit verloren gehen, mich hier mit mindestens zehntausend Mann zu verstärken – Freiwilligen oder Miliz."

Am 17. telegrafierte Beauregard Präsident Davis, informierte ihn über einen Angriff auf seine Außenposten und forderte ihn auf, „zum frühestmöglichen Zeitpunkt" Verstärkung zu schicken. Angesichts dieser Krise handelte Davis schnell. Er informierte Beauregard über die Entsendung von Verstärkungen aus Hamptons Legion, McRaes Regiment und zwei Bataillonen von Truppen aus Mississippi und Alabama und befahl Holmes' Truppen, von Fredericksburg aus aufzumarschieren. Am selben Tag sandte er durch seinen Adjutanten die folgende Depesche an Johnston in Winchester:

RICHMOND, 17. *Juli* 1861.

General JE JOHNSTON, *WINCHESTER, Virginia* :

General Beauregard wird angegriffen. Um dem Feind einen entscheidenden Schlag zu versetzen, ist die Bündelung Ihrer gesamten effektiven Kraft erforderlich. Wenn möglich, bewegen Sie sich um und schicken Sie Ihre Kranken und Ihr Gepäck entweder mit der Eisenbahn oder über Warrenton zum Culpeper Court-House. Bei allen Vereinbarungen üben Sie Ihren Ermessensspielraum aus.

S. COOPER, *Adjutant und Generalinspekteur* .

Als Johnston erkannte, dass Harper's Ferry unhaltbar war, hatte er sich zuvor auf Winchester zurückgezogen, während Patterson vorsichtig auf der Verfolgung war. Als Johnston am 18. Juli um 1 Uhr morgens die Nachricht von Davis erhielt , beschloss er, sich Patterson zu entziehen und sich Beauregard so schnell wie möglich anzuschließen. Durch einen Gewaltmarsch erreichte er Piedmont, wo seine verschiedenen Brigaden nach Manassas Junction, 35 Meilen entfernt, fuhren. Brigg. Die Brigade von General Thomas J. Jackson war im Voraus, gefolgt von denen von Bee, Bartow und Elzey .

So war nach etwa drei Monaten eiliger Vorbereitung nach Sumter endlich die Bühne bereitet – das Drama der Eröffnungsschlacht sollte sich entfalten.

Am 16. Juli wurde Brig. General Irvin McDowell hatte die Bundesarmee widerwillig in Bewegung gesetzt. Vergeblich hatte er versucht, die Bewegung zu verzögern, bis ihm eine angemessene Ausbildung eine wirksame Kampftruppe aus Dreijahres-Freiwilligen bescheren konnte, die Präsident Lincoln am 3. Mai autorisiert hatte, doch der öffentliche Aufschrei ließ sich nicht leugnen. Der Druck für eine Vorwärtsbewegung wurde durch die Erkenntnis verstärkt, dass die Einberufungsfrist für einen großen Teil der Truppen schnell ablief. Eine weitere Verzögerung würde den Verlust ihrer Dienste bedeuten.

Brigg. General Irvin McDowell, Kommandeur der Bundesarmee in der ersten Schlacht von Manassas. Mit freundlicher Genehmigung des Nationalarchivs.

Mit Aufregung und großer Erwartung machte sich die Armee, begleitet von vielen Honoratioren in feinen Kutschen, mit 35.000 Mann auf den Weg. Selten hatte das Land einen solchen Farbtupfer gesehen, wie ihn die leuchtenden Uniformen der verschiedenen Regimenter und die fröhlich wehenden National- und Regimentsfahnen präsentierten. Der Vormarsch am ersten Tag umfasste nur 6 Meilen. Drückende Hitze, Staub, Durst und das Gewicht schwerer Ausrüstung verlangsamten den Schritt und führten zu erheblichen Schwankungen.

Die zurückgebliebenen Geister gerieten jedoch in Aufruhr, als Hunters Division siegreich in das Fairfax Court House einmarschierte. Als die Spitze der Kolonne in die Stadt einschwenkte, flohen die dort stationierten Einheiten der Konföderierten in solcher Eile, dass sie große Mengen an Futter und Lagerausrüstung zurückließen . In einer beeindruckenden Demonstration kriegerischer Pracht marschierten die Truppen zu viert nebeneinander mit aufgesetzten Bajonetten zu den mitreißenden Klängen der Nationalhymne und anderen patriotischen Melodien der Regimentskapellen durch die Straßen.

Vom Fairfax Court House aus bewegte sich der Vormarsch vorsichtig in Richtung Centreville, wobei Ingenieure und Axtkämpfer nach vorne geschleudert wurden, um die Armee auf „maskierte Batterien" aufmerksam zu machen und Straßensperren von umgestürztem Holz zu räumen, das die sich zurückziehenden Konföderierten hinterlassen hatten. Am Mittag des 18. hatte sich der Hauptteil von McDowells Armee in Centerville versammelt und stand nun zum Angriff bereit.

Während des Vormarsches waren kaum oder gar keine Informationen über Pattersons Bewegungen im Tal eingegangen. Verärgert darüber telegraphierte Scott Patterson wie folgt:

Washington, 18. *Juli* 1861.

Generalmajor Patterson,...

Ich habe sicherlich erwartet, dass du den Feind besiegst. Wenn nicht, hören Sie, dass Sie ihn stark gefühlt oder ihn zumindest durch Drohungen und Demonstrationen beschäftigt hatten. Sie waren ihm mindestens ebenbürtig und, wie ich annehme, zahlenmäßig überlegen. Hat er nicht einen Vormarsch gemacht und Verstärkung nach Manassas Junction geschickt? Eine Woche reicht aus, um Siege zu erringen....

WINFIELD SCOTT

Befestigungsanlagen der Konföderierten in Manassas, Virginia. Kriegsfoto. Mit freundlicher Genehmigung des Nationalarchivs.

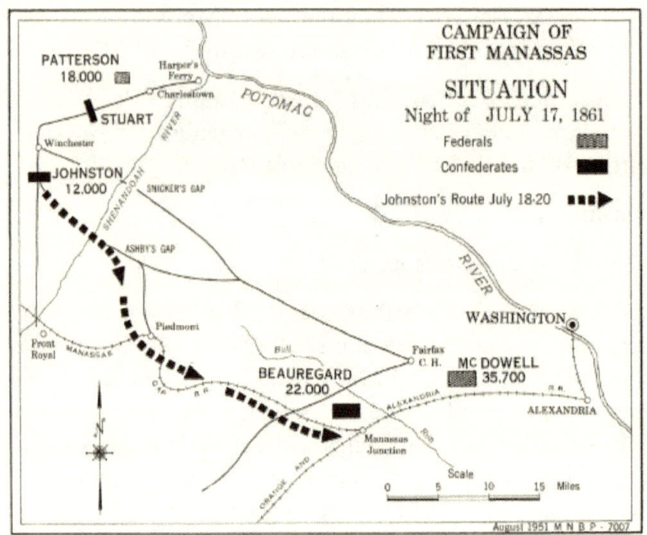

KAMPAGNE DER ERSTEN MANASSAS: SITUATION, Nacht vom 17. JULI 1861

Daraufhin sandte Patterson die folgende Antwort an Colonel Townsend in Scotts Hauptquartier:

CHARLESTOWN, VA., 18. *Juli* 1861.

Oberst ED Townsend:

Telegramm von heute erhalten. Der Feind hat mir keinen Schritt gestohlen. Ich habe ihn aktiv im Einsatz gehalten und durch Drohungen und Aufklärungsmaßnahmen dafür gesorgt, dass er verstärkt wurde. Ich habe in dieser Hinsicht mehr erreicht, als der General-in-Chief verlangte oder durchaus erwarten konnte, angesichts eines zahlenmäßig weit überlegenen Feindes, der über keine zu schützende Kommunikationslinie verfügte ...

R. PATTERSON,...

Die Ereignisse der nächsten Tage bestätigten Scotts Verdacht mehr als.

Am 18. Juli unternahm Tyler in einer Gefühlsbewegung auf der rechten Seite der Konföderierten einen Vorstoß gegen Beauregards Truppen, die in der Nähe von Blackburns Ford stationiert waren. Die Angelegenheit geriet etwas außer Kontrolle, so dass die Bundesstreitkräfte geschickt zurückgeschlagen werden konnten. Die Aktion wirkte sich deprimierend auf die Moral der Union aus, steigerte jedoch die der Konföderierten erheblich. Es folgten zwei Tage kostspieliger Verzögerung für McDowell, während derer er seine Vorräte vorbrachte – eine Verzögerung, aus der die Konföderierten schnell Kapital schlugen. Unter dem Klang der Axt und dem Krachen fallender Bäume errichteten sie Straßensperren entlang des Warrenton Pike in der Nähe der Steinbrücke und verstärkten allgemein ihre Verteidigungsanlagen. Noch wichtiger ist, dass die Verzögerung Johnston die dringend benötigte Zeit gab, Manassas zu erreichen.

Die Verstärkungen der Konföderierten rückten nun stetig vor. Am 19. traf Jackson mit 2.500 Mann ein, nachdem er in 25 Stunden etwa 55 Meilen zurückgelegt hatte. Bei Sonnenaufgang des 20. waren weitere Verstärkungen von Johnston eingetroffen – das 7. und 8. Georgia-Regiment von Bartows Brigade mit einer Stärke von 1.400 Mann. Gegen Mittag traf Johnston selbst in Begleitung von Bee, der 4. Alabama, der 2. Mississippi und zwei Kompanien der 11. Mississippi ein. Das Lager der Konföderierten wurde nun zu einem Schauplatz geschäftigen Treibens. Während die Verstärkungen ihre Position in der Linie einnahmen, besprachen Beauregard und Johnston Pläne für eine Offensive. In dieser Nacht brannten im Hauptquartier die Kerzen nieder, als Beauregard und seine Mitarbeiter dem Angriffsplan der Konföderierten den letzten Schliff gaben. Um 4:30 Uhr morgens reichte er es Johnston, seinem Vorgesetzten, zur Genehmigung ein, die schnell erteilt wurde. Der Plan beinhaltete die Flankierung der Bundeslinken, aber die frühe Bewegung von McDowell, die verspätete Ankunft der erwarteten Verstärkungen und die Fehlausführung von Befehlen verhinderten seine Ausführung.

Erste Schlacht von Manassas (SIEHE <u>KARTE AUF SEITEN 22-23</u> .)

Der Sonntag, der 21. Juli, dämmerte hell und klar. Das lustlose Rühren der Bäume ließ schon früh erahnen, dass der Tag heiß werden würde. Staub lag dick auf dem Gras, dem Unterholz und den Uniformen der Männer. Die Lager der Konföderierten erwachten gerade aus einer unruhigen Nacht, als plötzlich gegen 5:15 Uhr in der Nähe der Steinernen Brücke das donnernde Dröhnen einer großen Kanone zu hören war. Mit diesem Schuss, abgefeuert von einem 30-Pfünder-Parrott-Gewehr unter Tylers Kommando, eröffnete McDowell die erste Schlacht des Krieges.

Junge Konföderierte in Richmond, die bald in der ersten Schlacht von Manassas ihre Feuertaufe erhalten sollten. Aus „Fotografische Geschichte des Bürgerkriegs“.

Bundesarmee in der Nähe des Fairfax Court House auf dem Weg zur ersten Schlacht von Manassas. Im Vordergrund ist eine Abteilung des 2. Ohio zu sehen. Aus der Originalskizze von AR Waud . Mit freundlicher Genehmigung der Kongressbibliothek.

Seit 2:30 Uhr waren seine Truppen in Bewegung und führten einen wohlüberlegten Angriffsplan aus. Im hellen Mondlicht, auf der anderen Seite des Tals von Centerville, „funkelnd vor Stahlfrost", hatte die Bundesarmee einen dreigleisigen Angriff gestartet. McDowell hatte ursprünglich geplant, die Konföderierten nach rechts zu wenden, aber die Affäre am 18. bei Blackburns Ford hatte gezeigt, dass die Konföderierten in diesem Sektor beträchtliche Stärke hatten. Als er weiter darüber informiert wurde, dass die Steinbrücke vermint war und dass der Schlagbaum westlich der Brücke durch ein schweres Abatis blockiert war, beschloss er, auf der äußersten Seite der Konföderierten nach links abzubiegen. Durch diese flankierende Bewegung hoffte er, die Steinbrücke zu erobern und die Manassas Gap Railroad in oder in der Nähe von Gainesville zu zerstören und so die Kommunikationslinie zwischen Johnston, angeblich in Winchester, und Beauregard in Manassas zu unterbrechen. Um den Hauptangriff abzuwehren, sollte Tyler einen Scheinangriff auf die Verteidigungsanlagen der Konföderierten an der Steinbrücke durchführen, während Richardson einen Ablenkungsangriff auf Blackburns Ford durchführen sollte. Die Division von Miles sollte Centreville abdecken, während Runyons Division die Straße nach Washington abdecken sollte. Der Erfolg des Angriffs hing weitgehend von zwei Faktoren ab: der Schnelligkeit der Bewegung und dem Überraschungsmoment.

Als sie an der Cub Run Bridge nach rechts abbog, war die Hauptkolonne des Bundes, bestehend aus den Divisionen Hunter und Heintzelman, einer schmalen unbefestigten Straße nach Sudley Ford gefolgt, die sie nach ärgerlichen Verzögerungen gegen 9:30 Uhr erreichten. Hier hielten die Männer an, um zu trinken und zu trinken füllen ihre Kantinen. Obwohl dieser Zeitverlust kostspielig war, hätten sie möglicherweise trotzdem Erfolg gehabt, wenn die Bewegung nicht erkannt worden wäre.

Sudley Springs Ford, Catharpin Run. Kriegsfoto. Mit freundlicher Genehmigung der Kongressbibliothek.

Vom Signal Hill aus, einem hochgelegenen Beobachtungspunkt innerhalb der Verteidigungsanlagen von Manassas, hatte der Signaloffizier der Konföderierten, EP Alexander, den Horizont nach Anzeichen einer flankierenden Bewegung abgesucht. Mit einem Glas in der Hand untersuchte er gerade die Gegend in der Nähe von Sudley Ford, als seine Aufmerksamkeit gegen 8:45 Uhr durch das Glitzern der Morgensonne auf einem Feldstück aus Messing gefesselt wurde. Bei näherer Betrachtung entdeckte man das Glitzern von Bajonetten und Musketenläufen. Schnell gab er Evans an der Steinbrücke ein Zeichen: „Achten Sie auf Ihre Linke; du bist verwandelt." Diese Nachricht, die eine wichtige

Rolle in der taktischen Entwicklung der Schlacht spielen sollte, stellt wahrscheinlich den ersten Einsatz des „Wig-Wag"-Signalsystems unter Kampfbedingungen dar.

Die Ruinen der Steinbrücke über Bull Run, von Osten. Hier begann die erste Schlacht von Manassas. Kriegsfoto. Mit freundlicher Genehmigung des Nationalarchivs.

MORGENPHASE – DER KAMPF AM MATTHEWS HILL.

Seit 8 Uhr war Evans klar, dass Tylers Angriff lediglich eine Finte war. Nachdem er nun vor der Annäherung der flankierenden Kolonne gewarnt worden war, ging er schnell vor, um ihr entgegenzuwirken. Er ließ vier Kompanien seines Kommandos zurück, um die Brücke mit zwei Artilleriegeschützen zu bewachen, und stieß etwa 1.700 Yards nach Nordwesten vor, bis zu einem Punkt nahe der Kreuzung des Warrenton Turnpike und der Manassas- Sudley Road. Dort eröffnete er gegen 10:15 Uhr Artillerie- und Infanteriefeuer auf die vorrückende Bundeskolonne unter der Führung von Burnsides Brigade. Bald kam Col. Andrew Porter Burnside zu Hilfe. Evans war nach einem galanten Stand von etwa einer Stunde unter Druck und sandte eine dringende Bitte an Bee um Hilfe. Vorübergehend zu

Bees Brigade gehörte Bartow mit zwei Regimentern aus Georgia. Mit seinem Kommando hatte Bee zuvor eine Position auf Henry Hill bezogen, von wo aus Imbodens Batterie mit entscheidender Wirkung auf die flankierende Kolonne von McDowell einwirkte.

Bee rückte sofort vor und nahm gegen 11 Uhr morgens eine Position rechts von Evans' Linie ein. Hier hielt die vereinte konföderierte Streitmacht von etwa fünf Regimentern mit sechs Feldgeschützen hartnäckig bis etwa Mittag. Die Ankunft neuer bundesstaatlicher Verstärkungen durch Heintzelman und später durch Sherman und Keyes erhöhte den Druck auf die Rechte der Konföderierten so sehr, dass ihre Verteidigung nachgab. Eifrig bauten die Bundeskolonnen ihren Vorteil aus, als sich die nun demoralisierten Konföderierten über Young's Branch in den Schutz des Robinson House Hill zurückzogen. Keyes folgte ihm dicht, bewegte sich flussabwärts und nahm eine Position im Schutz der Hügel ein, wo er blieb, um tagsüber kaum wirksam an den weiteren Kämpfen teilzunehmen.

In einer Position in der Nähe des Robinson House versuchte Hamptons Legion, 600 Mann stark, mutig, den Rückzug der Konföderierten zu decken. Der Bundesangriff zwang sie jedoch schließlich mit den ungeordneten Kommandos von Bee, Bartow und Evans zum Rückzug.

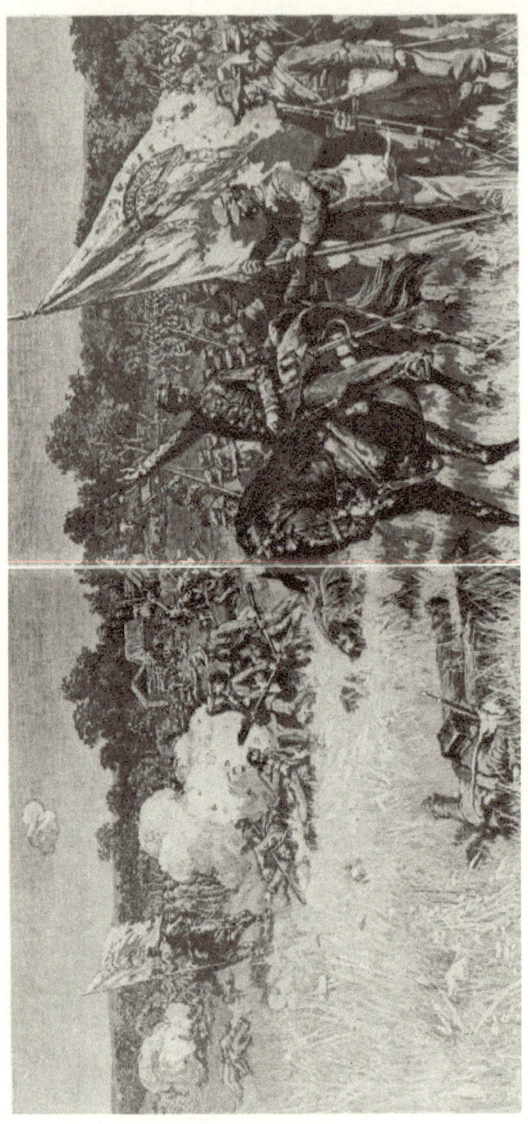

Konföderierte Offiziere versammeln ihre Truppen während der ersten Schlacht von Manassas hinter dem Robinson House. Aus „Schlachten und Anführer des Bürgerkriegs".

Inmitten der wilden Verwirrung, die darauf folgte, als das Schicksal der Schlacht auf dem Spiel stand, ereignete sich einer der dramatischsten Momente des Krieges. Bee, der verzweifelt versuchte, seine Männer zu sammeln, blickte zu Henry Hill, wo er Jackson und sein Kommando mutig und entschlossen stehen sah . Bee spürte die Eingebung des Augenblicks, beugte sich in seinen Steigbügeln vor und rief seinen Männern mit spitzem Schwert zu: „Sehen Sie! Da steht Jackson wie eine Steinmauer! Kundgebung hinter den Virginians!" So gewann „Stonewall" Jackson seinen berühmten Beinamen.

Ungefähr zu dieser Zeit galoppierten Johnston und Beauregard über das Feld. Im Beisein ihrer Vorgesetzten gewannen die Männer neues Selbstvertrauen. Die Linie versteifte sich, formierte sich erneut und rückte nach vorne vor. Verstärkungen durch Cockes und Bonhams Brigaden an den Furten weiter unten am Bull Run rückten nun schnell an. Schnell nach ihrer Ankunft wurden sie rechts und links von Jackson in Stellung gebracht. Johnston zog sich bald in das Lewis House („Portici") zurück, wo er die Bewegung der Verstärkungen von hinten leitete, während Beauregard sofort das Kommando über das Feld übernahm.

Zwischen 13 und 14 Uhr herrschte nun eine Ruhepause, als die siegreichen Bundestruppen das Tal von Young's Branch überquerten und sich für einen erneuten Angriff neu formierten.

NACHMITTAGSPHASE.

Gegen 14 Uhr befahl McDowell, die beiden prächtigen regulären Batterien Ricketts und Griffin vorzurücken und wies sie an, eine exponierte Position südlich des Henry House einzunehmen . In einer Entfernung von nicht viel mehr als 300 Yards lieferten sich diese Batterien bald ein erbittertes Duell mit der vor Jackson aufgestellten Artillerie. Etwa 15 Minuten lang war der Lärm gewaltig. Schließlich bewegte Griffin drei seiner Geschütze leicht vor, um ein besseres Durchfeuerungsfeuer zu erzielen. Die Bewegung erwies sich als fatal.

In diesem Moment startete JEB Stuart einen schneidigen Kavallerieangriff die Manassas- Sudley Road hinauf und zerstreute die farbenfrohen Feuer-Zuaven, die Ricketts und Griffin zur Unterstützung vorgerückt waren. Fast gleichzeitig rückte das 33. Virginia-Regiment vor. Von einem der Bundesoffiziere fälschlicherweise für eine Batterieunterstützung gehalten, durfte es bis auf 70 Yards an Griffins Geschütze herankommen. Plötzlich feuerte das Regiment eine mörderische Salve ab, die die meisten Pferde und Männer beider Batterien tötete. Die bewegungsunfähigen Waffen wurden von den Virginianern beschlagnahmt, nur um von einem beherzten Vormarsch der Bundeswehr zurückerobert zu werden. Bei hitzigen Angriffen und Gegenangriffen wechselten die Geschütze mehrmals den Besitzer, doch keine Seite war in der Lage, sie effektiv einzusetzen. Ihr Verlust für das Bundeskommando war irreparabel.

Der Druck des Bundes wurde nun so stark, dass Beauregard sich zum Angriff entschloss. Als Jackson in die Mitte der Bundeslinie vordrang, fegte die Rechte der Konföderierten das Gebiet in der Nähe des Robinson House frei. In einem tapferen Gegenangriff stürmten jedoch die Unionsbrigaden Franklin, Willcox, Sherman und Porter vor, um den verlorenen Boden zurückzugewinnen. Bei dem Angriff bewies McDowell rücksichtslosen Mut, indem er in die obere Etage des Henry House kletterte, um eine bessere Sicht auf das gesamte Feld zu erhalten.

Der Bundesangriff auf Henry Hill in der ersten Schlacht von Manassas. Aus „Schlachten und Anführer des Bürgerkriegs".

Der Kampf tobte nun mit zunehmender Heftigkeit, da beide Seiten verzweifelt um den Besitz des Plateaus kämpften – „den Schlüssel zum Sieg". Das Gewicht des Bundesdrucks auf Beauregards linke und rechte Flanke nahm so zu, dass seine gesamte Position gefährdet wurde. Es war jetzt ungefähr 15 Uhr. Die sengenden Sonnenstrahlen fielen unbarmherzig auf die erschöpften Truppen, als Beauregard in dieser kritischen Phase einen weiteren Generalangriff entlang der gesamten Linie befahl. In diesem Moment traf Fishers 6. North Carolina-Regiment ein, um auf der linken Seite der Konföderierten Stellung zu beziehen. Unter der Führung von Beauregard rückte die Linie der

Konföderierten vor, um das Feld zu räumen und den endgültigen Besitz der Henry- und Robinson-Häuser zurückzugewinnen.

Brigg. General Joseph E. Johnston befehligt die Armee der Shenandoah. Mit freundlicher Genehmigung des Nationalarchivs.

General Thomas J. „Stonewall" Jackson. Mit freundlicher Genehmigung des Nationalarchivs.

Trotz des Verlusts des Plateaus war McDowells Position immer noch stark. Während seine Rechte im Wald in der Nähe des Chinn-Hauses verankert war, erstreckte sich seine Linie in einem großen Halbmond hinter dem J. Dogan-Haus und dem Steinhaus bis zu einer Position in der Nähe der Steinbrücke. Allerdings war die von Howards Brigade und Sykes' Stammtruppen gehaltene rechte Seite so ausgedehnt, dass sie fast nach Osten in Richtung Centreville zeigte. So ausgedehnt, forderte es einen Angriff, den das konföderierte Kommando schnell startete. Die von Johnston nach vorn geschickten Verstärkungen rückten nun rasch vor. An der Spitze standen Kershaws 2. und Cashs 8. South Carolina-Regiment, gefolgt von Kempers Batterie. Diesen Truppen folgten schnell Elzeys Truppen Brigade, 1.700 Mann stark. Diese Brigade von Johnstons Armee, die erst wenige Stunden zuvor abgezogen worden war, war unter dem Lärm von Schüssen unter der Führung von Kirby Smith vorgerückt. Zum Gewicht dieser Zahlen kam noch eine weitere neue Brigade hinzu – die Early's. Als Early sich links von Elzeys Brigade in Position brachte, schlug er die rechte Bundesfront in die Flanke und in den Rücken.

Der kombinierte Angriff, der gegen 15:45 Uhr erfolgte, erwies sich als überwältigend. Die Bundeslinie geriet ins Wanken, fiel zurück und zog sich in einem Anschein von Ordnung über das Feld zurück. Eine kurze Kundgebung nördlich von Young's Branch wurde durch Artilleriefeuer der Konföderierten aufgelöst. Alle anderen Versuche, die Männer zu sammeln, erwiesen sich als erfolglos. Sie hatten genug. Nun setzten sie ihre Heimreise auf den verschiedenen Wegen des Vormittags fort. Tapfer deckten Sykes' Stammtruppen und Palmers Kavalleriegeschwader den Rückzug ab.

Als sich der Hauptteil der Bundesarmee in Richtung Sudley Ford zurückzog, überquerte Keyes' Brigade erneut die Steinbrücke, dicht verfolgt von einer konföderierten Abteilung unter der Führung von Kempers Batterie. Auf einer der Waffen saß der ehrwürdige „Yankee-Hasser" Edmund Ruffin, der einen der ersten Schüsse auf Fort Sumter abgefeuert hatte. Staubig und müde war er in den Schlussmomenten der Schlacht rechtzeitig auf dem Feld angekommen, um Kempers vorbeiziehende Batterie zu begrüßen. Begierig darauf, einen weiteren Schuss auf den Feind abzufeuern, hielt er sich unsicher an seinem Sitz fest, während die Batterie an der Steinbrücke vorbei und entlang der Pike sauste, die nun mit Waffen, Ausrüstungsgegenständen, Tornistern, Rucksäcken, losen Kleidungsstücken, Decken, Trommeln und Messing übersät war Musikinstrumente, die von den sich schnell zurückziehenden Truppen zurückgelassen wurden.

Das Robinson-Haus. Aus einem Kriegsfoto in „Photographic History of the Civil War".

Nachdem sie einige Meilen zurückgelegt hatten, erreichten Kempers Geschütze eine vorteilhafte Steigung. Dort wurden sie entwaffnet und schnell schussbereit gemacht. Der erste Schuss, der vom älteren Ruffin abgefeuert wurde, traf direkt die Hängebrücke über Cub Run und brachte einen Wagen zum Umsturz, der gerade darauf gefahren war. Dies diente dazu, die Brücke für die weitere Nutzung durch andere Fahrzeuge zu verbarrikadieren. In schneller Folge wurden weitere Schüsse abgefeuert. Völlige Panik erfasste nun die Bundestruppen, als sie in wilder Flucht zurück nach Washington flohen. Zu der Verwirrung trugen auch die Scharen von Schaulustigen und Flüchtlingen bei, die sich auf den engen Straßen drängten. Das Dröhnen des Fluges, schrieb Russell, der Korrespondent *der London Times* , sei wie das Rauschen eines großen Flusses. Die ganze Nacht und den Regen des nächsten Tages hindurch strömte eine Flut von Soldaten und Zivilisten nach Washington. Versuche von McDowell, die Soldaten zu sammeln, waren vergeblich.

Die erschöpften, kampfmüden Konföderierten machten keine wirksame Verfolgung. Der Brigade von Early und der Kavallerie von Stuart gelang es zwar, eine ganze Reihe Gefangene zu machen, aber die Hauptstreitkräfte der Union konnten entkommen. Am 22. Juli befanden sich beide Armeen in den Stellungen, die sie vor dem 16. eingenommen hatten.

WIRKUNGEN DES ERSTEN MANASSAS.

Die Nachricht von der Katastrophe wurde in der Hauptstadt zunächst mit Ungläubigkeit und Erstaunen, dann mit Bestürzung aufgenommen. Die ganze Nacht über empfing Präsident Lincoln die Zuschauer der Schlacht und hörte sich schweigend ihre Schilderungen des Gefechts an.

„Ein paar Tage lang", schreibt Channing, „war der Norden benommen, die Aktien fielen, das Geld stieg und die Leute saßen mit vor Verzweiflung gefalteten Händen herum." Dann veränderte sich die Szene fast wie von Zauberhand, und an die Stelle der Hysterie der Hundert Tage seit Sumter trat strenge Entschlossenheit. Lincoln rief Freiwillige auf. Das beste Blut des Nordens in allen Gesellschaftsschichten, im Osten, im Ohio Valley und an den Ufern der Großen Seen reagierte. Die neuen Männer gingen mit einer Entschlossenheit und einem Geist in den Konflikt, die selten zu sehen waren und nie übertroffen wurden."

Im Süden wurde die Nachricht vom Sieg mit großer Freude aufgenommen. Von den Kanzeln wurden Erntedankpredigten gehalten, während Beamte des Ereignisses mit Glückwunscherklärungen gedachten. Nach der unüberlegten Meinung vieler Südstaatler war der Krieg vorbei, doch selten, wenn überhaupt, hat ein so vollständiger Sieg zu so dürftigen Ergebnissen geführt. Überhebliches Selbstvertrauen und ein falsches Sicherheitsgefühl führten im Süden zu einer Lähmung des Unternehmertums, die für ihn schädlicher war als die Katastrophe der Niederlage für den Norden.

Die Schlacht sollte jedoch, wie der englische Historiker Fuller betont, einen tiefgreifenden Einfluss auf die Gesamtstrategie des Krieges haben. „Erstens vermittelte es den Politikern des Südens eine übertriebene Vorstellung vom Können ihrer Soldaten und führte so dazu, dass sie die Kampfkraft ihres Feindes unterschätzten; Zweitens erschreckte es Lincoln und seine Regierung so sehr, dass von nun an bis 1864 östlich der Alleghanies die Verteidigung Washingtons zum Dreh- und Angelpunkt der Strategie des Nordens wurde."

Obwohl die Männer jeder Armee mit einem Anflug von Standhaftigkeit und außergewöhnlichem Mut gekämpft hatten, gab es zahlreiche Beweise dafür, dass eine unzureichende Ausbildung kostspielige Folgen hatte.

BUNDES KONFÖDERIERT

Stärke, ungefähr	35.000	32.000
VERLUSTE		
Getötet	460	387
Verwundet	1.124	1.582
Gefangen genommen oder vermisst	1.312	13
Gesamt	2.896	1.982

Nach dem Abschluss des ersten Manassas-Feldzugs „schwand" der Krieg in Virginia bis zum Frühjahr 1862. Der Norden, der unter der demütigenden Niederlage bei Bull Run litt, wandte sich nun mit grimmiger Entschlossenheit der Mobilisierung seiner Ressourcen und der Ausbildung zu der großen Landstreitkräfte, die zur Unterwerfung des Südens notwendig sind. Generalmajor George B. McClellan, frisch von Siegen in West-Virginia, wurde sofort zum Kommando über die Bundesstreitkräfte rund um Washington berufen. McClellan war ein Soldat, der sich in seinem Verhalten und seinem Verhalten zeigte und erwies sich bei der Nation und der Armee als beliebte Wahl. Mit großem Erfolg initiierte er ein Programm zur Organisation und Ausbildung der großen Potomac-Armee. Tausende Rekruten strömten nun nach Washington. Bis Dezember befanden sich 150.000 in der Ausbildung; bis zum Frühjahr über 200.000.

Unterdessen lagerte die konföderierte Armee unter Joseph E. Johnston weiterhin in Centerville mit Außenposten entlang des Potomac. Jackson war mit einer Abteilung in Winchester stationiert. In dieser Zeit errichtete Johnston eine sehr stark befestigte Position, die aus einer L-förmigen Linie von Erdfestungen und Batterien bestand, die durch Infanteriegräben verbunden waren und sich über eine Entfernung von etwa 5 Meilen entlang der östlichen und nördlichen Kämme von Centerville erstreckten. Nach und nach, mit Beginn des Winters, wurden Block- oder Bretterhütten als Winterquartiere für die Truppen gebaut. Diese waren so gelegen, dass die Truppen einen einfachen Zugang zu den Befestigungsanlagen ermöglichten.

Quäkergewehre in Centreville. Im Hintergrund sind die Winterquartiere der Konföderierten zu sehen. Kriegsfoto. Mit freundlicher Genehmigung des Nationalarchivs.

Mit dem sich verschlechternden Zustand der Straßen wurde das Versorgungsproblem immer schwieriger. Damals baute Johnston von seinem Stützpunkt Manassas Junction aus eine Nebenbahn. Dies war eine der ersten Eisenbahnstrecken überhaupt, die ausschließlich militärischen Zwecken dienten.

McClellans Versäumnis, gegen Johnston vorzugehen, führte zu einer unruhigen Öffentlichkeit und Presse. Richmond und nicht Centreville wurden nun zum unmittelbaren Bundesziel. Als Johnston über Urbanna von einer erwarteten Bewegung gegen Richmond erfuhr , zog er sich am 9. März von Centerville zurück, um eine Position südlich des Rappahannock einzunehmen, wobei seine rechte Seite bei Fredericksburg und seine linke Seite beim Culpeper Court House ruhte. Dies erzwang eine Änderung von McClellans ursprünglichem Plan. Daraufhin beschloss er, auf dem Wasserweg zur Festung Monroe zu gelangen und von dort aus die Halbinsel hinauf nach Richmond vorzustoßen.

Am 17. März schiffte sich die Bundesarmee von Alexandria aus ein. McClellan hatte mit dem Einsatz einer Streitmacht von etwa 155.000 Mann gerechnet. Die brillanten Operationen von „Stonewall" Jackson im Shenandoah Valley während der nächsten vier Monate beunruhigten Präsident Lincoln jedoch so sehr, dass er fast 40.000 von McDowells Truppen in Fredericksburg bewegungsunfähig machte, um die Verteidigung Washingtons zu sichern. Dies, zusammen mit der Inhaftierung der von Banks erwarteten Verstärkung im Tal, reduzierte McClellans Streitmacht auf etwa 100.000 Mann, wodurch seine Erfolgschancen erheblich minimiert wurden. Selten hat eine so kleine Streitmacht wie die von Jackson (ungefähr 16.000 Mann) den Endausgang einer großen Militäroperation so stark beeinflusst.

Johnston hatte inzwischen Magruder in Yorktown verstärkt. Am 4. Mai wurde die Stadt evakuiert und am nächsten Tag kam es bei Williamsburg zu einem erfolgreichen Nachhutgefecht, das den Rückzug der Konföderierten nach Richmond abdeckte. Die Bundesarmee folgte zu Land und zu Wasser zum Weißen Haus am Pamunkey, wo McClellan am 16. Mai sein Hauptquartier aufschlug. Am nächsten Tag setzten die Bundeskräfte ihren Vormarsch auf Richmond fort.

Johnston versammelte eine Streitmacht von rund 63.000 Mann und beschloss dann anzugreifen. Am 31. Mai wurden die Konföderierten in der Schlacht von Seven Pines, gefolgt von der Schlacht von Fair Oaks am nächsten Tag, zurückgeschlagen und Johnston wurde schwer verwundet. Das Kommando über die

Armee von Nord-Virginia ging nun auf Robert E. Lee über, ein Kommando, das er bis zum Ende des Krieges nicht abgeben sollte. Innerhalb von zwei Wochen wurden die Verteidigungsanlagen von Richmond gestärkt und die Moral der Truppen verbesserte sich erheblich.

Bis zum 25. Juni hatte Lee eine Streitmacht von etwa 90.000 Mann zusammengestellt, einschließlich Jacksons siegreichem Kommando aus dem Tal. Am nächsten Tag startete er seine große Gegenoffensive. In einer Reihe hart umkämpfter Operationen, die als Sieben-Tage-Schlachten vor Richmond bekannt sind, wurde McClellan auf Harrisons Landung am James zurückgedrängt. Obwohl der Feldzug durch die Verluste der Konföderierten kostspielig war, rettete Lee Richmond und hüllte seine Armee in ein Gefühl der Unbesiegbarkeit.

Generalmajor John Pope, Kommandeur der Bundesarmee, Zweite Schlacht von Manassas. Mit freundlicher Genehmigung des Nationalarchivs.

General Robert E. Lee, Kommandeur der Armee von Nord-Virginia. Mit freundlicher Genehmigung des Nationalarchivs.

Papst konzentriert sich hinter dem Rapidan

Der Misserfolg von Fremont, Banks und McDowell im Shenandoah Valley überzeugte Präsident Lincoln davon, dass es wünschenswert war, ihre Armeen unter einem einzigen Oberbefehlshaber zu konsolidieren. Mit Befehl vom 26. Juni wurde die „Armee von Virginia" gegründet und Generalmajor John Pope, der kürzlich Erfolge im Westen errungen hatte, erhielt das Kommando. Kurz darauf wurde General Henry W. Halleck aus dem Westen abberufen, um zum Oberbefehlshaber der Bundesarmee ernannt zu werden.

Pope wurde die Verantwortung übertragen, Washington zu bedecken, das Shenandoah-Tal zu schützen und so gegen die Verbindungen der Konföderierten in Gordonsville und Charlottesville vorzugehen, um schwere Abteilungen aus Richmond abzuziehen und so den Druck auf McClellan zu verringern . Am 14. Juli befahl Pope einen Vormarsch auf Gordonsville. Lee, der die Bewegung vorhersah, hatte Jackson am Tag zuvor zu diesem Punkt befohlen.

Am 7. August rückte Jackson, verstärkt durch AP Hill, in Richtung Culpeper vor, in der Hoffnung, die Stadt einzunehmen und für eine Reihe von Operationen gegen Pope zu nutzen. Zwei Tage später stieß er in einer scharfen, aber unentschlossenen Begegnung mit Banks am Cedar Mountain zusammen.

Lee erfuhr nun, dass McClellan angewiesen worden war, die Halbinsel zu räumen und Pope zu verstärken. Lee war sich der Notwendigkeit bewusst, Pope anzugreifen, bevor er von so starken Verstärkungen unterstützt werden konnte, und zog mit Longstreets Korps los, um Jackson zu verstärken. Popes Streitkräfte zählten nun etwa 47.000 effektive Soldaten, während Lee etwa 55.000 Mann hatte.

Das Zentrum von Pope befand sich jetzt am Cedar Mountain, zu seiner Rechten am Robertson's River und zu seiner Linken in der Nähe von Raccoon Ford am Rapidan. So stationiert befand sich seine Armee direkt gegenüber von Gordonsville, wo Jacksons Streitmacht kürzlich eingetroffen war. Auf Clark's Mountain (einem hohen Hügel gegenüber von Pope) hatten die Konföderierten eine Signalstation errichtet. Von hier aus konnte man kilometerweit die weißen Zelte des Bundeslagers sehen, die über die Culpeper-Hochebene verteilt waren. Spurs von Clark's Mountain verliefen parallel zum Rapidan zum Somerville Ford, etwa 2 Meilen von Raccoon Ford entfernt.

Lee erkannte schnell den Vorteil, den ihm diese Topographie verschaffte. Wenn er seine Truppen hinter Clark's Mountain versammelt, könnte er sich unter dessen Schutzschirm bewegen, bei Somerville Ford links von Pope angreifen und ihm den Rückzug nach Washington verwehren. Die Gelegenheit bot große Erfolgsaussichten und der 18. August wurde als Datum für den Beginn der Bewegung festgelegt. Unvorhergesehene Verzögerungen verschoben den Umzug auf den 20. Schlimmer noch für die Konföderierten: Stuarts Generaladjutant wurde gefangen genommen und trug eine Kopie von Lees Befehl.

So gewarnt zog Pope seine Armee hinter den Rappahannock zurück. Lee folgte ihm am 20. dicht auf den Fersen und überquerte den Fluss auf die Nordseite. Pope nahm eine vorteilhafte Position ein, in der er fünf Tage lang mit Finten und Demonstrationen standhielt, während Lee eifrig nach einer Öffnung auf der rechten Seite suchte. In der Zwischenzeit hatte Stuart das Hauptquartier des Papstes erobert. So erfuhr Lee, dass 20.000 Soldaten, darunter das Korps von Heintzelman und Porter sowie die Division von Reynolds, innerhalb von zwei Tagesmärschen an der Front waren. Innerhalb von fünf Tagen würden andere erwartete Verstärkungen die Zahl des Papstes auf etwa 130.000 Mann ansteigen lassen.

Die Situation war so verzweifelt, dass ein mutiger Ausweg erforderlich war. Schnell traf Lee seine Entscheidung. Jackson sollte zusammen mit Stuarts Kavallerie, die etwa 24.000 Mann umfasste, auf eine breite Flankenbewegung rechts von Pope geschickt werden, um seine Verbindungen mit Washington zu zerstören. Henderson, der englische Biograph von Jackson, kommentierte diese Entscheidung mit den Worten: „Wir haben nur wenige Unternehmungen mit größerem Wagemut."

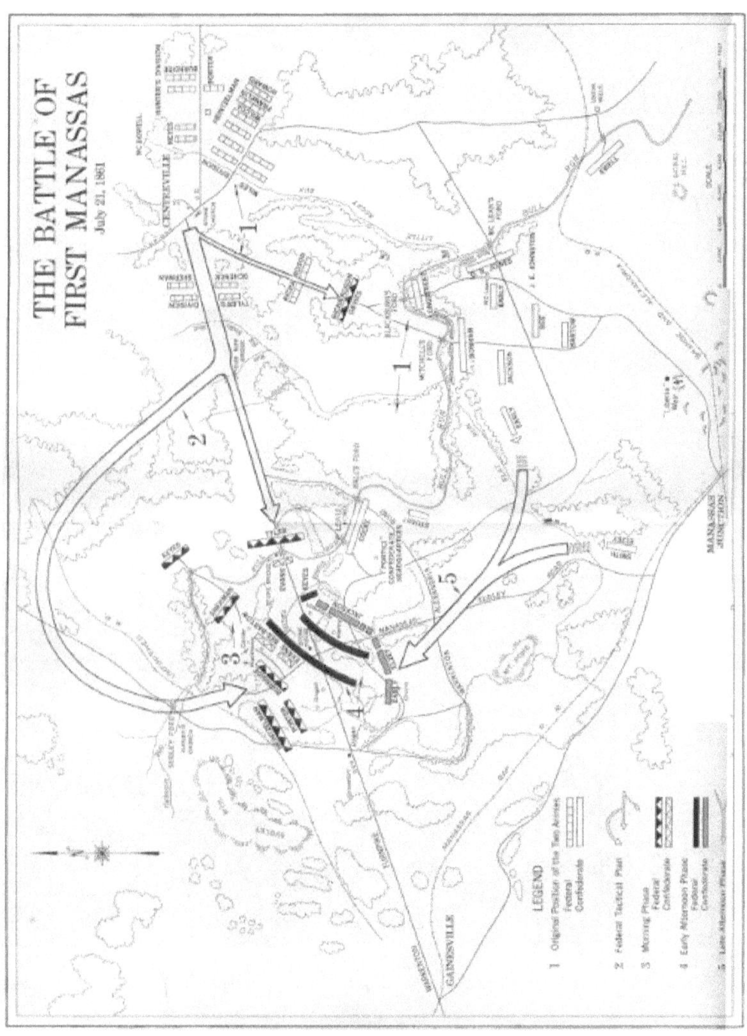

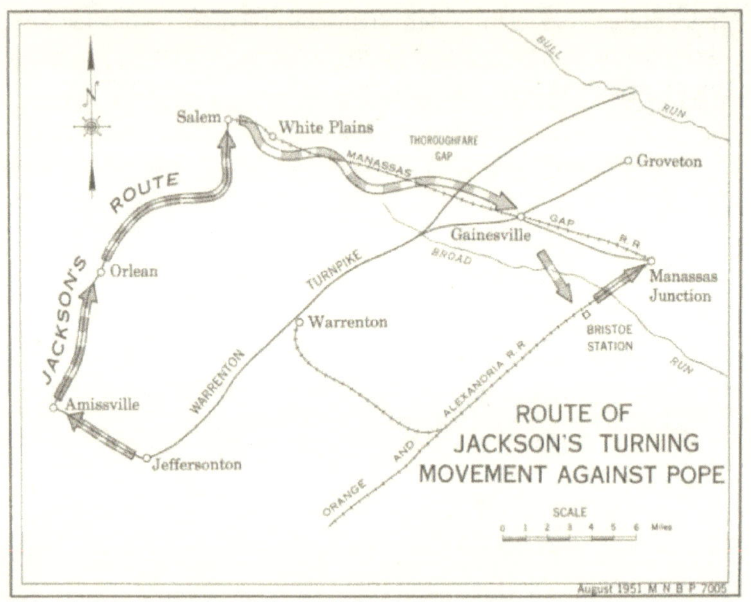

Jackson und seine Fußkavallerie. Aus dem Gemälde von Hoffbauer in Battle Abbey, Richmond, Virginia. Mit freundlicher Genehmigung der Virginia Historical Society.

Während Lee und Longstreet die Linie des Rappahannock abdeckten, begann Jackson seinen Marsch am 25. August von Jeffersonton aus. Er zog durch Amissville und Orlean , um in dieser Nacht in Salem zu biwakieren. Am nächsten Tag fuhr er weiter, vorbei an Thoroughfare Gap und Gainesville, nach Bristoe. Nie hätte die „Fußkavallerie" ihren Namen besser verdient, denn in zwei Tagen hatte sie etwa 51 Meilen zurückgelegt. In dieser Nacht schickte Jackson Stuart und zwei Regimenter nach Manassas Junction, um Popes große Versorgungsbasis zu erobern. Die Aufgabe wurde mit geringem Aufwand bewältigt.

Jacksons Truppen plündern kurz vor der zweiten Schlacht von Manassas Bundesvorräte bei Manassas Junction. Aus „Schlachten und Anführer des Bürgerkriegs".

Manassas Junction, Virginia, wie es nach Jacksons Überfall aussah.
Kriegsfoto. Mit freundlicher Genehmigung des Nationalarchivs.

Am nächsten Tag verließ Jackson Ewell, um bei Bristoe den
Rücken zu decken, und zog mit dem Rest seines Kommandos
nach Manassas Junction. Dann folgte eine Szene voller Feste und
Plünderungen, wie man sie selten erlebt hat. Rucksäcke, Tornister
und Feldflaschen waren mit Artikeln aller Art gefüllt. Zu den
riesigen Mengen an Quartiermeister- und Kommissarbedarf
kamen unzählige Luxusgüter aus Marketenderläden hinzu,
darunter teure Spirituosen und importierte Weine. Ein
Augenzeuge schreibt: „Einen hungernden Mann zu sehen , der
Hummersalat aß und Rheinwein trank , barfuß und in Fetzen, war
seltsam; das Ganze ist unbeschreiblich." Was nicht gegessen oder
weggetragen werden konnte, wurde schließlich verbrannt. Mit der
Vernichtung dieser Vorräte war eines der Hauptziele des Feldzugs
erreicht.

Zweite Schlacht von Manassas (SIEHE <u>KARTE AUF SEITEN 28-29</u> .)

ERSTE PHASE – BRISTOE UND MANASSAS, 27. AUGUST.

Pope, der nun über die Anwesenheit Jacksons in seinem Rücken informiert war, befahl sofort eine Konzentration seiner Streitkräfte, um ihn zu vernichten. McDowells und Sigels Korps sollten zusammen mit der Division von Reynolds nach Gainesville ziehen, während sich Renos Korps zusammen mit Kearnys Division von Heintzelmans Korps bei Greenwich konzentrieren sollte. Mit diesen Anordnungen hoffte Pope, etwaige Verstärkungen, die über Thoroughfare Gap nach Jackson kamen, abfangen zu können. Mit Hookers Division von Heintzelmans Korps zog Pope entlang der Eisenbahn nach Manassas Junction.

Am Nachmittag des 27. August griff Hooker Ewell an und trieb ihn zurück nach Bristoe. In der Nacht zog sich Ewell nach Manassas zurück, wo er sich dem Rest von Jacksons Streitmacht anschloss. Pope erfuhr nun zum ersten Mal, dass sich Jacksons gesamtes Kommando in Manassas befand. Zu diesem Zeitpunkt wurden neue Anordnungen für eine Konzentration erlassen. Porter wurde angewiesen, um 1 Uhr morgens am 28. von Warrenton Junction zu marschieren und bei Tageslicht in Bristoe in Position zu sein. McDowell, Sigel und Reno sollten im Morgengrauen auf Manassas Junction vorrücken, während Kearny zur gleichen Stunde auf Bristoe vorrücken sollte.

Ungefähr um 3 Uhr morgens, am 28. August, begann Jackson, Manassas in Richtung Groveton zu verlassen. Um Pope zu verwirren und in die Irre zu führen, schickte er Taliaferro entlang der Manassas- Sudley Road, Ewell entlang der Centerville Road über Blackburns Ford und die Stone Bridge nach Groveton und AP Hill nach Centerville und von dort entlang des Warrenton Pike zu einer Position in der Nähe der Sudley Church .

Zusammen mit Kearnys Division traf Pope mittags in Manassas Junction ein und fand die Stadt verlassen vor. Später am Tag erhielt man die Nachricht, dass die Konföderierten in Centreville gesehen worden seien. Pope ordnete daraufhin eine Konzentration an diesem Ort an, in dem Glauben, dass Jacksons gesamte Streitmacht dort sei. Die Korps von Heintzelman und

Reno zogen entlang der Centerville Road; Sigel und Reynolds entlang der Manassas- Sudley Road; Kings Division von McDowells Korps entlang des Warrenton Pike.

Longstreets Truppen kämpfen bei Thoroughfare Gap. Von „Manassas bis Appomattox".

ZWEITE PHASE – GROVETON, 28. AUGUST.

Jackson hatte sich erst kurze Zeit zuvor nördlich des Schlagbaums konzentriert, als die Nachricht eintraf, dass sich die King's Federal-Kolonne aus Gainesville näherte. Nun musste eine schnelle Entscheidung getroffen werden. King unbehelligt passieren zu lassen, würde den Zweck des Feldzugs zunichte machen, da Pope dadurch eine uneinnehmbare Position auf den Höhen von Centreville einnehmen könnte. Ein Angriff ohne Gewissheit darüber, wann Longstreet eintreffen würde, hieße, den Angriff der gesamten Truppe von Pope einzuladen, mit möglicherweise tödlichen Folgen. Ohne zu zögern befahl er den Divisionen Taliaferro und Ewell vorzurücken. Es kam zu einem erbitterten und hartnäckigen Kampf, der auf beiden Seiten schwere Verluste zur Folge hatte. Schließlich zog sich King gegen 21 Uhr in Richtung Manassas zurück.

In der Zwischenzeit hatte Longstreet gegen 15 Uhr desselben Tages Thoroughfare Gap erreicht und musste feststellen, dass sein Weg von Bundestruppen unter Ricketts versperrt war. Indem er seinen Gegner über Hopewell Gap ausmanövrierte, zwang er ihn, sich nach Gainesville zurückzuziehen. In dieser Nacht beschlossen King und Ricketts, in Richtung Manassas zu ziehen, ohne Pope über ihre Absichten zu informieren. Dies ermöglichte es Longstreet, am Nachmittag des folgenden Tages eine einfache Verbindung mit Jackson herzustellen .

DRITTE PHASE – HAUPTSCHLACHT, 29.–30. AUGUST.

Als Pope von der Verlobung Grovetons erfuhr , kam er fälschlicherweise zu dem Schluss, dass King den Kopf von Jacksons Kolonne auf dem Rückzug getroffen hatte. Im Vertrauen auf den Erfolg befahl er, seine beinmüden Truppen zusammenzuziehen, um die Streitmacht der Konföderierten zu vernichten. Sigel und Reynolds sollten im Morgengrauen angreifen, verstärkt durch Heintzelman und Reno. McDowell und Porter wurden angewiesen, ihren Kurs umzukehren und in Richtung Gainesville vorzudringen, um Jacksons Rückzug abzuschneiden. Der Text dieser als „Gemeinsame Anordnung“ bekannten Anordnung, die gegen Mittag einging, lautet wie folgt:

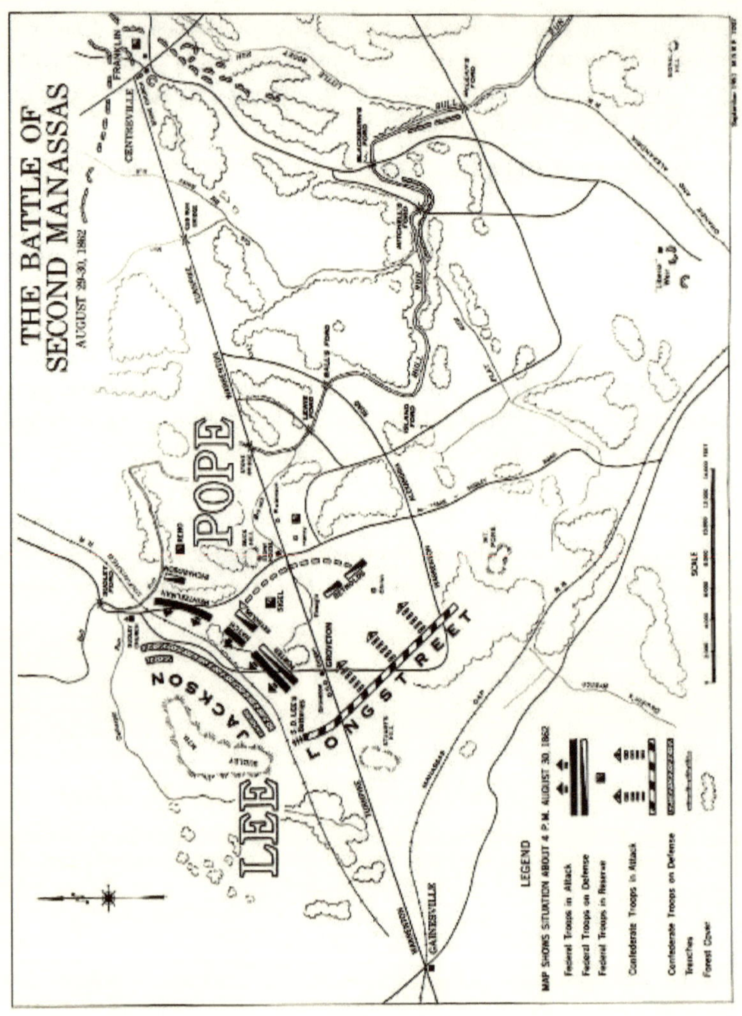

Hauptquartier der Virginia-Armee *Centreville*, 29. August 1862.

Generäle McDowell und Porter:

Bitte setzen Sie Ihre gemeinsamen Befehle in Richtung Gainesville fort. Ich habe General Porter vor anderthalb Stunden entsprechende schriftliche Befehle geschickt. Heintzelman, Sigel und Reno fahren auf dem Warrenton Turnpike und müssen nun nicht mehr weit von Gainesville entfernt sein. Ich wünsche mir, dass das gesamte Kommando eingestellt wird, sobald die Kommunikation zwischen dieser und Ihrer Truppe hergestellt ist. Möglicherweise muss man heute Abend in Centerville hinter Bull Run zurückfallen. Ich gehe davon aus, dass es aufgrund unserer Vorräte so sein wird ...

Sollten sich aus der Abweichung von dieser Anordnung erhebliche Vorteile ergeben, wird diese nicht strikt durchgeführt. Eines muss berücksichtigt werden: Die Truppen müssen eine Position einnehmen, von der aus sie Bull Run heute Abend oder am Morgen erreichen können. Die Anzeichen deuten darauf hin, dass sich die gesamte Streitmacht des Feindes mit einer Geschwindigkeit in diese Richtung bewegt, die sie morgen Abend oder am nächsten Tag hierher bringen wird. Mein eigenes Hauptquartier wird vorerst bei Heintzelmans Korps oder an diesem Ort sein.

Jnein . Papst, *Generalmajor, Kommandierender.*

Vor Erhalt des „Gemeinsamen Befehls" hatte Porter seinen Kurs nach Centerville geändert und war bis nach Dawkin's Branch gezogen, das etwa 3 Meilen von Gainesville entfernt liegt. Als er feststellte, dass die Konföderierten stark an seiner Front postiert waren, stellte er eine Brigade seiner führenden Division auf und wartete. McDowell, der kurz darauf eintraf, zeigte ihm eine Depesche, die er einige Minuten zuvor von Buford erhalten hatte, der die Kavallerie der Union auf der rechten Seite befehligte. In der Meldung hieß es, dass 17 Regimenter, 1 Batterie und 500 Kavalleristen gegen 8:45 Uhr durch Gainesville gezogen waren. Dies war der Vormarsch von Longstreets Kommando, das Thoroughfare Gap am frühen Morgen verlassen hatte und nun, gefolgt von schweren Verstärkungen, in Stellung ging Jackson ist rechts (Porters Vorderseite).

Nach Ansicht der Generäle hatte diese Information Pope nicht erreicht. Nach einer Konferenz wurde beschlossen, angesichts dieser neuen Entwicklung den durch den Befehl gewährten Spielraum zu nutzen: McDowell würde in Richtung Groveton ziehen, während Porter in der Nähe seiner derzeitigen Position bleiben würde.

Die relative Ruhe in diesem Sektor stand in scharfem Kontrast zu den heftigen Kämpfen, die jetzt entlang Jacksons Front stattfanden. Mit etwa 18.000 Infanteristen und 40 Geschützen hatte Jackson eine Position entlang eines unvollendeten Eisenbahnbetts bezogen, das sich von der Nähe von Sudley Springs 2 Meilen südwestlich bis nach Groveton erstreckte. Die

Steigungen und Einschnitte dieser Straße boten vorgefertigte Schanzen und bildeten eine sehr starke Position. Dort waren kurz nach Sonnenaufgang die Kolonnen von Sigel und Reynolds in einiger Entfernung zu sehen, wie sie sich zum Angriff aufstellten. Gegen 7 Uhr morgens eröffneten die Bundesbatterien das Feuer. Bis 10:30 Uhr kam es zu mehreren heftigen Gefechten, es kam jedoch zu keinem allgemeinen Angriff. Ungefähr zu dieser Zeit erreichten Bundesverstärkungen von Reno und Kearny das Feld. Doch erst um 14 Uhr erreichte die Schlacht ihren Höhepunkt. Den ganzen Nachmittag über griffen blaue Kolonnen in gewalttätigen, aber unkoordinierten Angriffen Jacksons Linie tapfer an. Irgendwann wurde die Linke der Konföderierten gefährlich in die Nähe der Sollbruchstelle zurückgedrängt, aber die graue Linie stabilisierte sich und hielt. Gegen Einbruch der Dunkelheit traf Kings Division von McDowells Korps rechtzeitig ein, um an der Aktion teilzunehmen, und griff einen Teil von Longstreets Kommando an, das gerade zu einer Aufklärung vorrückte.

Generalmajor Fitz-John Porter, Kommandeur des Fünften Armeekorps in der zweiten Schlacht von Manassas. Mit freundlicher Genehmigung der Kongressbibliothek.

Pope, der sich der Ankunft von Longstreet auf dem Spielfeld noch nicht bewusst war, sandte Porter spät am Tag den folgenden Befehl, Jacksons rechte Seite sofort anzugreifen:

HAUPTQUARTIER IM FELD , *29. August* – 16:30 Uhr

Generalmajor Porter:

Ihre Marschlinie führt Sie an die rechte Flanke des Feindes. Ich möchte, dass Sie sofort an der Flanke des Feindes und, wenn möglich, in seinem Rücken in Aktion treten und dabei Ihre Rechte mit General Reynolds in Verbindung halten. Der Feind ist in den Wäldern vor uns versammelt, kann aber beschossen werden, sobald Sie seine Flanke angreifen. Halten Sie große Reserven bereit und nutzen Sie Ihre Batterien. Halten Sie sich dabei immer gut auf der rechten Seite auf. Falls Sie gezwungen sind, zurückzufallen, tun Sie dies nach rechts und nach hinten, um eine enge Kommunikation mit dem rechten Flügel zu gewährleisten.

John Pope, *Generalmajor, Kommandierender.*

Dieser Befehl, datiert um 16:30 Uhr, ging bei Porter gegen 18:30 Uhr in der Bethlehem-Kirche ein. Nach Erhalt des Befehls schickte Porter sofort seinen Stabschef Locke, um Morells Division den Angriff zu befehlen. Kurz darauf ritt Porter an die Front und stellte fest, dass Morells Vorbereitungen für den Angriff abgeschlossen waren. Zu diesem Zeitpunkt war es jedoch so spät, dass Porter beschloss, die Anordnung aufzuheben. [1]

In der Nacht zogen sich die Konföderierten von den tagsüber gewonnenen Vormarschpositionen auf ihre ursprüngliche Kampflinie zurück. Diese Tatsache wurde von McDowell und Heintzelman bei einer Aufklärung am Abend des 29. entdeckt und am nächsten Morgen von entlassenen Bundesgefangenen bestätigt. Dies führte dazu, dass Pope fälschlicherweise annahm, Lee sei auf dem Rückzug nach Thoroughfare Gap. Sofort wurden Pläne für eine energische Verfolgung in die Wege geleitet. Um Mitternacht wurde folgender Befehl erlassen:

HAUPTSITZ, IN DER NÄHE VON GROVETON , *30. August* 1862 – 12 M.

Sonderbestellungen, Nr.—

Die folgenden Kräfte werden sofort nach vorne geworfen, um den Feind zu verfolgen und ihn den ganzen Tag über heftig zu bedrängen. Generalmajor McDowell wird mit dem Kommando über die Verfolgung beauftragt; Das Korps von Generalmajor Porter wird auf dem Warrenton Turnpike vorrücken, gefolgt von den Divisionen der Brigadegeneral King und Reynolds. Die Division von Brigadegeneral Ricketts wird die Hay Market Road verfolgen , gefolgt vom Korps von Generalmajor Heintzelman....

Am 30. um 3 Uhr morgens erhielt Porter die Nachricht von Pope, in der ihm befohlen wurde, sein Kommando sofort zum Schlachtfeld des Vortages zu marschieren. In Übereinstimmung mit diesem Befehl zog er sich umgehend von seiner Position gegenüber von Longstreet zurück und marschierte schnell die Sudley Road entlang in die Mitte des Schlachtfelds, wo er sich bei Pope meldete, um Befehle einzuholen. Obwohl diese Bewegung die Mitte stärkte, schwächte sie die Bundeslinke gefährlich.

Von der kontrahierten linken Seite in der Nähe von Groveton erstreckte sich die Bundeslinie nun etwa 3 Meilen bis zum Bull Run in der Nähe der Sudley Church. Die gegnerische Linie der Konföderierten war etwa 4 Meilen lang. Jackson hielt die linke Seite entlang der unvollendeten Eisenbahnstrecke, während Longstreet die rechte Seite hielt, wobei der Hauptteil seiner Truppen südlich des Warrenton Pike „nach vorne gebeugt" war. Eine starke Artilleriekonzentration wurde auf einer Anhöhe zwischen den beiden Flügeln stationiert. Diese Geschütze beherrschten die offenen Felder und den Waldabschnitt rechts und in der Mitte von Jackson.

Nachdem die Vorbereitungen am Nachmittag abgeschlossen waren, rückten die Bundeskolonnen von Porter und Heintzelman drei Linien tief vor, vorangegangen von einem Schwarm Scharmützlern und unterstützt von großen Massen an Männern und Geschützen im Rücken. Eine seltsame Stille erfüllte die Felder, als die ahnungslosen Truppen vorrückten. Hinter ihrer Schutzhülle beobachteten die Konföderierten, wie die Linien näher rückten. Dann eröffnete plötzlich ein schnelles Artilleriefeuer auf sie. Sofort schlugen die Signalhörner der Infanterie Alarm und alarmierten Jacksons Männer zum Handeln. Die Vormarschlinie des Bundes blieb stehen und taumelte zurück. Andere Brigaden drängten schnell vor, wurden jedoch von der Wucht des Feuers niedergeschlagen.

Während der zweiten Schlacht von Manassas warfen einige von Jacksons Konföderierten mit erschöpfter Munition Steine auf die vorrückenden Federals. Aus „Schlachten und Anführer des Bürgerkriegs".

Bald war klar, dass der Hauptangriff der Bundeswehr von Porter und Hatch gegen Jacksons Rechte und Mitte gerichtet war, die von den Divisionen Starke und Lawton gehalten wurden. In galantem Stil rückte eine dritte Linie vor und forcierte den Angriff ungestüm. Die Kraft dieser Vorwärtsbewegung drängte die berühmte Stonewall-Brigade zurück, doch später stellte sie in einem verzweifelten Gegenangriff ihre Linien wieder her. Es kam nun zu heftigen Nahkämpfen. An einem Punkt ihrer Linie in der Nähe eines Abschnitts des Gleisbetts, der als „Deep Cut" bekannt ist, wehrten Jacksons Veteranen mit erschöpfter Munition einen Angriff teilweise mit Steinen von der Böschung ab.

Schließlich wurde der Druck so groß, dass Jackson eine dringende Bitte um Verstärkung schickte. Lee befahl dann, eine Brigade unter Longstreets Kommando vorzurücken. Im Vorgriff auf die Anfrage hatte Longstreet bereits die Batterien von Stephen D. Lee aufgestellt, die nun ein vernichtendes Feuer auf die Bundeskolonnen rechts und in der Mitte von Jackson eröffneten. Die Wirkung war verheerend. Innerhalb von 15 Minuten hatte sich der gesamte Aspekt der Schlacht verändert.

Kurz nachdem die Bundesbrigaden Jackson entlang der unvollendeten Eisenbahnstrecke angegriffen hatten, hatte Pope Reynolds' Division von links bei Bald Hill befohlen, nach oben zu rücken und den Angriff auf der rechten Seite zu unterstützen. Das Gewicht seiner Truppen reichte jedoch nicht aus, um die nun einsetzende Rückzugswelle aufzuhalten. Schnell befahl Jackson, zwei Brigaden zum Gegenangriff aufzustellen und seine Artillerie voranzutreiben, während die Infanterie vorrückte.

Der Transfer von Reynolds' Division hatte die Bundeslinke erneut stark geschwächt. Lee sah dies und erkannte, dass hier endlich die Gelegenheit war, auf die er gewartet hatte. Der Befehl wurde sofort an Longstreet gesendet, um den Gegenschlag auszuführen. Jedes Regiment, jede Batterie und jede Eskadron beider Flügel der Armee sollte eingesetzt werden. Durch die schiere Überzahl konnte der Angriff in aufeinanderfolgenden Angriffswellen, die sich übereinander türmten, zurückgedrängt werden.

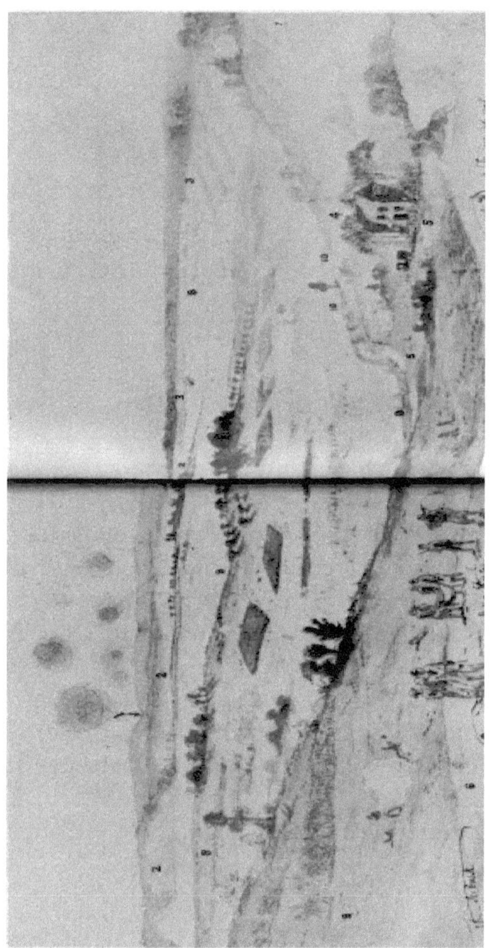

„ Die Schlacht von Groveton oder Second Bull Run zwischen der Unionsarmee unter dem Kommando von Genl. Papst und Con. Armee unter Genl. Robert E. Lee. Skizziert vom Bald Face Hill am Samstagnachmittag um halb vier.... Blick auf das Dorf Groveton. „Aus der Originalskizze aus der Kriegszeit, mit Titel von E. Forbes. Mit freundlicher Genehmigung der Kongressbibliothek.

Notiz. Der Künstler identifizierte folgende Punkte:

„ 1. Durchgangslücke, durch die Genl. Lees Armee hat bestanden.

2. Kampflinie der Rebellen .

3. Der alte RR-Damm, hinter dem die Con. wurden gepostet.

4. Das alte Steinhaus am Turnpike, das als Krankenhaus diente.

5. Warrenton Turnpike.

6. Glatzkopfhügel.

7. Henry Hill.

8. Schlachtlinie der Union.

9. McDowells Korps bewegt sich zur linken Flanke, um Longstreets Angriff abzuwehren, der gerade begonnen hatte.

10. Sudley Springs Road. "

Wieder hatte Longstreet den Befehl erwartet, auf den er sich seit dem Morgengrauen vorbereitet hatte. Die langen grauen Reihen der Infanterie, die sich dem Kampf widersetzten, stürmten nun in einem wütenden Angriff vor. Im Voraus kamen Hoods Texans, deren Farben in der Abendsonne rot schimmerten. Über dem donnernden Dröhnen der Artillerie und dem Lärm der Schlacht waren die schrillen Schreie der Rebellen zu hören, die durch das Groveton-Tal hallten. Die Aufregung war so groß, dass die Offiziere ihre Männer nur mit größter Mühe zurückhalten konnten. Die Divisionen Anderson, Kemper und DR Jones rückten rasch nach oben. Über die hügeligen Felder drängte der Angriff trotz einer hartnäckigen Verteidigung durch die Unionsbrigaden McClean, Tower und Milroy darauf, das Vorgebirge von Chinn Ridge zu erobern, während Jacksons Veteranen Buck Hill erfolgreich angriffen.

Auf Henry Hill waren nun die Divisionen von Reynolds, die regulären Truppen von Sykes und andere verfügbare Truppen versammelt, erfüllt von Erinnerungen an das vergangene Jahr. Mit Mut und Tapferkeit, die der Krise der Schlacht entsprachen, schlugen sie wiederholte Angriffe der Konföderierten zurück, die bis zum Einbruch der Dunkelheit andauerten. Die erfolgreiche Verteidigung von Henry Hill ermöglichte Popes Rückzug über Bull Run, über die Stone Bridge und andere Furten zu den starken Verteidigungsanlagen des Centreville-Plateaus.

Der „Deep Cut", wo Porters Truppen einen tapferen Versuch machten, den Sieg zu erringen. Hier hielt eine Bundesflagge eine halbe Stunde lang ihre Position im Umkreis von 10 Metern um eine Regimentsflagge der Konföderierten. Sechsmal fiel es, nur um wieder hochgehoben zu werden. Aus „Schlachten und Anführer des Bürgerkriegs".

VIERTE PHASE – CHANTILLY, 1. SEPTEMBER.

Lee hielt die Position von Centerville für ungünstig für einen Angriff und schickte Jackson mit Sudley Ford zum Little River Turnpike, um die Bundesrechtsbewegung zu beeinflussen und die Kommunikation mit Washington zu gefährden. Die Bewegung wurde jedoch von Pope vorhergesehen und die Abteilungen von Stevens und Kearny wurden geschickt, um sie zu kontrollieren. In einem scharfen Kampf, der am 1. September in einem Regensturm bei Chantilly ausgetragen wurde, wurden Stevens und Kearny getötet; aber Jackson wurde zurückgeschlagen. Während der nächsten zwei Tage zog sich Pope in die Verteidigungsanlagen Washingtons zurück.

Der Rückzug des Bundes über die Steinerne Brücke am Samstagabend, 30. August 1862. Aus „Schlachten und Anführer des Bürgerkriegs".

Ruinen des Henry House nach der zweiten Schlacht von Manassas. Kriegsfoto. Mit freundlicher Genehmigung des Nationalarchivs.

ERGEBNISSE DER ZWEITEN SCHLACHT VON MANASSAS.

Das zweite Manassas bietet einen interessanten Kontrast zur Eröffnungsschlacht, in der zwei Armeen roher, undisziplinierter Freiwilliger mutig, aber zögerlich um die Vorherrschaft kämpften. Die einfachen Freiwilligen waren nun durch erfahrene Veteranen ersetzt worden, die durch monatelange, anstrengende Kampagnen abgehärtet waren. Der gerade zu Ende gegangene Feldzug war ein Feldzug, der die Ausdauer und Disziplin der Männer in den Reihen beider Armeen aufs Äußerste auf die Probe stellte – eine Prüfung, die sie mit Tapferkeit und großer Ehre bestanden hatten. Im Gegensatz zur Niederlage von First Manassas war die Bundesarmee, die sich nun nach Washington zurückzog, eine müde, aber trotzige Kampfmaschine. Seine Niederlage war durch außergewöhnlichen Wagemut, kombiniert mit einer geschickten Koordination der Kommandos der Konföderierten, herbeigeführt worden. Indem er auf große Chancen setzte, war es Lee gelungen, etwa 150.000 Invasionstruppen tief in Virginia abzuziehen und die Gefahr eines drohenden Angriffs auf die gegnerische Hauptstadt umzukehren.

Henderson, der englische Soldat und Historiker, kommentiert die Schlacht wie folgt:

... Wenn, wie Moltke behauptet, die Vereinigung zweier Armeen auf dem Schlachtfeld die höchste Errungenschaft militärischen Genies ist, wurde der Feldzug gegen Pope selten übertroffen; und der große Gegenschlag bei Manassas allein reicht aus, um Lees Ruf als Taktiker zu festigen ... Es war nicht Lees Können zu verdanken, dass Pope seine Linke in der Krise der Schlacht schwächte. Aber in der Schnelligkeit, mit der die Gelegenheit ergriffen wurde, in der Kombination der drei Arme und in der Wucht des Schlags steht Manassas Austerlitz oder Salamanca in nichts nach.

Dieser brillante Erfolg trug viel dazu bei, die Rückschläge der Konföderierten im Westen auszugleichen – den Verlust von Missouri, die Niederlagen der Forts Henry und Donelson, Shiloh und den Fall von Nashville, New Orleans und Memphis. Im Gegensatz zur Untätigkeit, die auf das erste Manassas folgte, erzwang Lee seinen Sieg durch die erste Invasion des Nordens.

Am 4. September begann er, seine Truppen über den Potomac zu verlegen, in der Hoffnung, die Unterstützung Marylands und möglicherweise die Anerkennung der Konföderation durch ausländische Mächte zu gewinnen. In der verzweifelt umkämpften Schlacht von Antietam am 17. September bei Sharpsburg, Maryland, wurden diese Hoffnungen jedoch von McClellan zunichte gemacht, der nun zum Bundeskommando zurückgekehrt war.

	BUNDES	KONFÖDERIERT
Stärke (*ca.*)	73.000	55.000
VERLUSTE		
Getötet	1.747	1.553
Verwundet	8.452	7.812
Gefangen genommen oder vermisst	4.263	109
Gesamt	14.462	9.474

Der Krieg nach dem zweiten Manassas

Von Antietam zog sich Lee nach Virginia zurück. Als der Winterschnee hereinbrach, schlug er Generalmajor Ambrose E. Burnside in der Schlacht von Fredericksburg am 13. Dezember 1862 blutig zurück. Im Frühjahr erzielten die Waffen der Konföderierten glänzende Erfolge bei der Niederlage von Generalmajor Joseph E. Hooker die Schlacht von Chancellorsville vom 1. bis 6. Mai 1863. Lee nutzte seinen Sieg und marschierte erneut in den Norden ein. In Gettysburg wurde er vom 1. bis 3. Juli von Generalmajor George Gordon Meade besiegt. Am nächsten Tag endete eine der brillantesten und entscheidendsten Operationen des Krieges mit der Übergabe von Vicksburg an Generalmajor Ulysses S. Grant. Sein Fall teilte die Konföderation in zwei Teile und öffnete den Mississippi für den Handel und die Kontrolle des Bundes. Von der verheerenden Wucht dieser gleichzeitigen Schläge konnte sich die Konföderation nie mehr erholen.

Am 9. März 1864 wurde Grant zum Oberbefehlshaber aller Bundesarmeen ernannt. Jetzt wie nie zuvor wurden die gesamten Kräfte und Ressourcen der Republik für eine große Offensive mobilisiert, die an allen Fronten gleichzeitig durchgeführt werden sollte. Grant schloss sich Meades Armee an und überquerte am 4. Mai den Rapidan, um seinen Landfeldzug gegen Richmond zu starten, während Sherman den berühmten Marsch begann, der ihn nach Atlanta und ans Meer führen sollte.

In den hart umkämpften Schlachten am Wilderness und Spotsylvania Court House vom 5. bis 6. bzw. 8. bis 21. Mai gelang es Grant weitgehend, Lees Offensivkraft zu zerstören und Richmond seinen Rückzug aufzuzwingen. Grant wurde am 3. Juni in Cold Harbor mit schweren Verlusten zurückgeschlagen und rückte erneut nach Petersburg vor, um Lees Armee zu begegnen.

Es folgten zehn Monate Belagerung, in denen Grant die Lebensader der Konföderierten systematisch durchtrennte . Am 2. April evakuierte Lee Petersburg in der Hoffnung, die Danville-Eisenbahn zu erreichen und möglicherweise eine Verbindung mit Johnstons Streitkräften in North Carolina herbeizuführen. Grants Verfolgung war jedoch schnell und unerbittlich. Die Unterbrechung des Fluchtwegs durch die Danville-Linie und die katastrophale Niederlage eines großen Teils seiner Armee in der Schlacht von Sayler's Creek zwangen Lee, weiter nach Westen zum Appomattox Court House zu ziehen. Dort, in der Abenddämmerung, am 8. April, brachte der immer größer werdende Kreis der Bundeslagerfeuer die Erkenntnis, dass das Ende erreicht war. Am nächsten Tag ergab sich Lee den großzügigen Bedingungen von Grant. Am 26. April ergab sich Johnston Sherman und im Juni hatten alle isolierten Einheiten der konföderierten Streitkräfte ihre Waffen niedergelegt.

Blick nach Nordwesten über Henry Hill. Das heutige Henry House ist im mittleren Hintergrund zu sehen.

Leitfaden für die Gegend (SIEHE KARTE AUF SEITE 48.)

Dieser Führer wurde erstellt, um es dem Besucher zu ermöglichen, die wichtigsten historischen Sehenswürdigkeiten auf den beiden Schlachtfeldern leichter zu erkennen und zu würdigen. Während es auf Parkgrundstücken und auf angrenzenden Privatgrundstücken noch andere wichtige Orte gibt, können die unten aufgeführten als die auffälligsten angesehen werden.

Wo immer ein Gebiet wie Henry Hill und Chinn Ridge in beiden Schlachten eine herausragende Rolle spielte, wurde seine Geschichte gemeinsam und nicht getrennt erzählt. Dies wurde getan, um unnötige Rückschritte zu vermeiden. Es ist zu beachten, dass die Nummern 1 bis 9 zur Vereinfachung für den Besucher auf einer Tourkarte eingezeichnet sind.

Zur Orientierung sollte einem Rundgang durch die Felder ein Museumsbesuch vorausgehen.

1. HENRY HILL.

Die Spitze dieses Plateaus erstreckt sich über eine Fläche von etwa 200 Hektar und umfasst Teile der alten Henry Farm und des Robinson-Gebiets. Es erstreckt sich ungefähr nordöstlich vom Henry Woods bis zum Lee Highway in der Nähe des Robinson House. Zweimal war die Schanze der Schlüssel zum Sieg. Nach stundenlangen schweren Kämpfen in der ersten Schlacht erwies sich die Niederlage gegen McDowell als wesentlicher Faktor für den Zusammenbruch des Bundeswiderstands, während in der zweiten Schlacht ihre hartnäckige Verteidigung den Rückzug der Pope-Armee über Bull Run sicherte.

Blick nach Westen über Henry Hill zum Verwaltungsmuseumsgebäude. Im linken Vordergrund ist das Jackson Monument zu sehen.

Zu den hier besonders interessanten Punkten gehören:

Verwaltungs-Museumsgebäude. Auf einer imposanten Anhöhe des Hügels befindet sich das Verwaltungs- und Museumsgebäude, das den Mittelpunkt in der Interpretation des Gebiets darstellt. Von der Terrasse an der Nord- und Ostseite des Gebäudes hat man einen weiten Panoramablick auf das Tal von Young's Branch und die Hügel dahinter, die die Hauptschauplätze der taktischen Manöver der beiden Schlachten darstellen.

Jackson-Denkmal. Etwa 125 Meter östlich des Verwaltungsmuseumsgebäudes befindet sich die Reiterstatue von „Stonewall" Jackson. Es wurde 1940 vom Staat Virginia angeblich an der Stelle errichtet, an der er seinen berühmten Spitznamen erhielt. Zu einem großen Teil dominierten Jacksons Charakter und seine Persönlichkeit die Kämpfe sowohl im Ersten als auch im Zweiten Manassas.

Diorama im Museum, das den Vorfall darstellt, als Jackson den Namen „Stonewall" erhielt.

Linie der Batterien der Konföderierten. Nördlich von Jacksons Statue befinden sich Markierungen, die die Position der 26-Kanonen-Batterien der Konföderierten anzeigen, die die 11 Kanonen der Bundesbatterien von Ricketts und Griffin in einer Entfernung von etwa 330 Metern bekämpften. Mit diesem wütenden Artillerie-Duell erreichte die erste Schlacht ihre Krise. Heute markieren Kanonen diese Position.

Bienendenkmal. Südlich der Jackson-Statue, etwa 100 Fuß, steht ein Denkmal aus weißem Marmor, das zum Gedenken an General Barnard E. Bee errichtet wurde, der an dieser Stelle in der ersten Schlacht tödlich verwundet wurde. Kurz zuvor, während er verzweifelt versuchte, seine Männer zu sammeln, hatte Bee unsterblichen Ruhm mit dem mitreißenden Schlachtruf erlangt, der Jackson den Namen „Stonewall" einbrachte.

Bartow-Denkmal. Etwa 180 Fuß nördlich der Jackson-Statue befindet sich ein Steinblock mit einer Bronzetafel zum Gedenken an Oberst FS Bartow, Kommandeur der 2. Brigade von Johnstons Armee, der in der ersten Schlacht an dieser Stelle getötet wurde. In einem kritischen Moment in der Anfangsphase der Schlacht hatten Bee und Bartow Evans tapfere Unterstützung geleistet.

Position der Waffen von Ricketts und Griffin. Etwas südlich des Henry House befinden sich Kanonen und Markierungen, die die vorgeschobene Position anzeigen, die die Unionsbatterien Ricketts und Griffin während der ersten Schlacht eingenommen haben. Bei einem Überraschungsangriff, der diese beiden tapferen Batterien praktisch vernichtete, wurde Ricketts schwer verwundet.

Henry-Haus. Etwa 200 Meter nordwestlich des Verwaltungs-Museums-Gebäudes steht das Heinrich-Haus, das kurz nach dem Krieg an der Stelle des berühmten Originalbauwerks errichtet wurde. Während der ersten Schlacht geriet das ursprüngliche kleine Haus in die Schusslinie der Artillerie, wodurch seine Besitzerin, Frau Judith Henry, getötet wurde. Es wurde schwer beschädigt und im folgenden Jahr erneut verstümmelt. Am Ende der zweiten Schlacht war das Haus eine völlige Ruine.

Grab von Judith Henry. Im Henry-Hof, ein paar Meter westlich des Hauses, befindet sich das Grab der Witwe Judith Henry, das von einem Eisengeländer und Sträuchern umgeben ist. Sie soll am Tag nach der ersten Schlacht von konföderierten Soldaten hier begraben worden sein. Auch ein Sohn und eine Tochter sind hier beigesetzt. Der tragische Tod von Frau Henry wird in Stephen Vincent Benets Gedicht „John Brown's Body" dramatisch behandelt.

Union-Denkmal. Dieses pyramidenförmige Denkmal aus rotbraunem Stein befindet sich im Hof an der Ostseite des Henry House und wurde 1865 von Unionssoldaten zum Gedenken an ihre Kameraden errichtet, die in der ersten Schlacht gefallen waren. Es ist eines der frühesten Gedenkdenkmäler des Bürgerkriegs.

2. ROBINSON-HAUS.

Etwa 750 Meter nordöstlich des Verwaltungs-Museums-Gebäudes steht auf einem vorspringenden Felsvorsprung das Robinson House an der Stelle des Kriegsgebäudes, das dem freien Neger James Robinson gehörte. Kein Teil des heutigen Hauses ist original, obwohl ein Teil davon aus dem Jahr 1888 stammt. Das ursprüngliche Haus wurde 1926 abgerissen, um den Bau des größeren Teils des heutigen Gebäudes zu ermöglichen. Nachdem das ursprüngliche Haus und die Felder in der ersten Schlacht kaum beschädigt worden waren, wurden sie in der zweiten Schlacht von Sigels Bundestruppen geplündert. Für diese Schäden erhielt Robinson vom Kongress in einem Privatgesetz vom 3. März 1873 1.249 US-Dollar zugesprochen. Von diesem

Punkt aus bietet sich ein malerischer Blick nach Osten über Bull Run und nach Westen auf die Berge.

3. STEINBRÜCKE.

Die Steinbrücke und der darunter fließende Bach Bull Run sind untrennbar mit der Geschichte der beiden Schlachten von Manassas verbunden. Es liegt am Warrenton Turnpike, etwa 1½ Meilen östlich seiner Kreuzung mit der Manassas- Sudley Road, und bildete während der ersten Schlacht den Anker des Konföderierten-Links und das Ziel der Bundesumleitung unter Tyler. Nach der Niederlage von McDowells Streitkräften stellte es einen der Hauptfluchtwege dar. In der zweiten Schlacht war es die Hauptroute des Bundesvormarsches und -rückzugs. Obwohl die Brücke mehrmals zerstört wurde, sind die Widerlager original. Die heutige Lee Highway-Brücke überquert Bull Run etwa 100 Fuß südlich des alten Bauwerks, an das heute der Bundesstaat Virginia erinnert.

Die Steinerne Brücke, wie sie jetzt aussieht.

4. STEINHAUS (MATTHÄUS).

Dieses zu Beginn des 19. Jahrhunderts erbaute zweieinhalbstöckige Bauwerk aus rotbraunem Naturstein gilt als das am besten erhaltene und auffälligste Wahrzeichen der beiden Schlachtfelder. Es liegt an der Nordseite des Lee Highway, nahe seiner Kreuzung mit der Manassas- Sudley Road. Hier wurde es zweimal von den Fluten der Schlacht erfasst, da es abwechselnd als Lazarett für die Verwundeten beider Seiten diente. In den

Wänden sind noch immer Muscheln zu sehen. Nach dem Krieg wurde es einige Jahre lang als Gasthaus betrieben.

Das Steinhaus.

5. CHINN RIDGE.

Dieser beherrschende Bergrücken wurde von den Konföderierten zweimal für Wendebewegungen genutzt, die den Bundeswaffen eine Niederlage bescherten. In der ersten Schlacht warfen die Brigaden von Early und Elzey , unterstützt von Beckhams Artillerie, die Bundesrechte unter Howard zurück, um eine allgemeine Niederlage der Bundesarmee herbeizuführen. Im zweiten Angriff stürmten Longstreets Truppen vor, um den Hügelkamm zu erobern, der ohne die erfolgreiche Verteidigung von Henry Hill die Bundespartei nach links gedrängt hätte. Der Bergrücken wird von einer Parkstraße erschlossen, die an ihrem nördlichen Ende an einem beeindruckenden Aussichtspunkt endet.

Der Blick nach Osten vom Chinn Ridge zum Henry Hill zeigt die Beschaffenheit des Geländes, in dem es in beiden Schlachten zu heftigen Kämpfen kam. Auf der linken Seite ist das Henry-Haus zu sehen, in der Mitte des Fotos das Verwaltungsmuseumsgebäude.

Standort des Chinn House. Nur noch die Grundmauern und die Sockel zweier massiver Schornsteine zeugen von einer der einst geräumigsten Residenzen auf den Schlachtfeldern von Manassas. Das angeblich im späten 18. Jahrhundert erbaute Haus erhielt seinen Namen von Benjamin T. Chinn, der das Anwesen 1853 kaufte. Zweimal als Feldlazarett genutzt, stand es bis 1950, als es in ruinösem Zustand abgerissen wurde.

Webster-Denkmal. Ungefähr 600 Meter nördlich des Chinn House steht ein Granitfelsen mit einer Bronzetafel, der die Stelle markiert, an der Col. Fletcher Webster, Sohn des Staatsmannes Daniel Webster, in der zweiten Schlacht am 30. August 1862 tödlich verwundet wurde. Der Felsbrocken wurde hergebracht „Marshfield", Mass., der Nachlass des älteren Webster.

Chinn Frühling. Auf der Nordseite der Chinn House Road, nur wenige Meter vom kleinen Bach Chinn Branch entfernt, liegt Chinn Spring. Nach der Hitze des Gefechts kamen viele der erschöpften und verwundeten Soldaten beider Armeen hierher, um dankbar aus dem kühlen, sprudelnden Wasser zu trinken. Es ist ein attraktiver Ort, der von hohen Eichen beschattet wird und von immergrünem Gras geprägt ist.

6. UNFERTIGGESTELLTE EISENBAHN.

Etwa 300 Yards südlich der heutigen Sudley Church kreuzt die alte Strecke einer unabhängigen Linie der Manassas Gap Railroad die Manassas- Sudley Road (Virginia Route 234). Der von Jacksons Truppen während der zweiten Schlacht besetzte Abschnitt des Gefälles erstreckt sich von diesem Punkt aus über eine Entfernung von fast 2 Meilen nach Südwesten . Von diesem Schutzschirm aus gab er erstmals seine Position beim Angriff auf King's Column am 28. August bekannt. Hier wehrte er in den nächsten zwei Tagen erfolgreich wiederholte Bundesangriffe ab. Obwohl entlang eines Großteils des Geländes Gestrüpp und Bäume gewachsen sind, ist der Grad immer noch klar definiert.

7. SUDLEY-KIRCHE.

Unmittelbar westlich der Manassas- Sudley Road, nahe der Kreuzung mit der Groveton- Sudley Road (Virginia Route 622), steht die Sudley Church ungefähr an der Stelle des Kriegsgebäudes, das zweimal als Krankenhaus diente. Im ersten Gefecht strömten die Bundesverwundeten aus der Kirche in mehrere Nachbarhäuser.

Kriegsfoto der Sudley Church. Mit freundlicher Genehmigung der Kongressbibliothek.

8. „TIEFER SCHNITT."

Ungefähr eine dreiviertel Meile nordwestlich von Groveton und unmittelbar vor der alten Eisenbahnlinie liegt „Deep Cut", Schauplatz der erbittertsten Kämpfe der zweiten Schlacht. Hier erlitten die Truppen von Fitz-John Porter gewaltige Verluste bei tapferen, aber vergeblichen Versuchen, in Jacksons Verteidigungsanlagen einzudringen. Auf dem damals offenen Land sind inzwischen dichte Wälder gewachsen, die den Schacht aus rotbraunem Stein, der zum Gedenken an die dort gefallenen Unionstruppen errichtet wurde, weitgehend verdecken. Der größte Teil des Landes im „Deep Cut"-Gebiet gehört derzeit nicht dem Park.

9. DAS DOGAN-HAUS.

Hier in Groveton, an der Kreuzung der Groveton- Sudley Road und des Lee Highway, befindet sich das Dogan-Haus, eines der wichtigsten Wahrzeichen der zweiten Schlacht. In diesem Gebiet schlug Hoods Division am 29. August die Unionsdivision von Hatch zurück, bevor sie sich westlich von Groveton zurückzog. Am nächsten Tag wurde das Gebiet von schwerem Artillerie- und Infanteriefeuer erfasst.

Das kleine, einstöckige Haus aus wetterfesten Baumstämmen diente ursprünglich als Aufseherhaus der Dogan-Farm. Später wurde es von der Familie Dogan bewohnt, nachdem ihr Haupthaus niedergebrannt war. Wie das Steinhaus ist es heute eines der beiden verbliebenen ursprünglichen Bauwerke im Park.

Das Dogan-Haus.

Der Park

Der Manassas National Battlefield Park wurde am 10. Mai 1940 zum Bundesgebiet erklärt. Die 1.670,74 Acres bundeseigenes Land im Park umfassen Teile der beiden Schlachtfelder.

Einer der ersten Schritte zur Denkmalpflege dieser Felder wurde 1922 mit dem Kauf der etwa 128 Hektar großen Henry Farm durch den Manassas Battlefield Confederate Park, Inc. und die Sons of Confederate Veterans unternommen. Am 19. März 1938 wurde die Henry Farm per Urkunde an die Regierung der Vereinigten Staaten als „ ewiges Denkmal für die Soldaten der Blauen und Grauen" übergeben. Mit dem Erwerb der historischen Grundstücke Stone House und Dogan House wurden 1949 bedeutende Erweiterungen des Parkbesitzes vorgenommen.

So erreichen Sie den Park

Der Park liegt im Prince William County, Virginia, 26 Meilen
südwestlich von Washington, DC. Die State Route 234 kreuzt an
der Parkgrenze die United States Highways Nr. 29 und 211.

Verwaltung

Der Manassas National Battlefield Park wird vom National Park
Service des Innenministeriums der Vereinigten Staaten verwaltet.
Mitteilungen sollten an den Superintendent, Manassas National
Battlefield Park, Manassas, Virginia, gerichtet werden.

Verwandte Bereiche

Weitere vom National Park Service verwaltete Bürgerkriegsschlachtfelder in Virginia sind: Fredericksburg and Spotsylvania National Military Park, Richmond National Battlefield Park, Petersburg National Military Park und Appomattox Court House National Monument.

Ein modernes Museum und Schlachtfeldmarkierungen gehören zum Lehrprogramm des Parks. Das Museum, das durch ein Diorama und eine elektrische Karte hervorgehoben wird, präsentiert Exponate so, dass die Geschichte beider Schlachten in narrativer Reihenfolge entwickelt wird. Kostenlose Literatur, Bibliothekseinrichtungen und Dolmetscherdienste stehen im Museum ebenfalls zur Verfügung. Für Organisationen und Gruppen können nach vorheriger Ankündigung beim Schulleiter Sonderführungen arrangiert werden. Die Öffnungszeiten des Museums sind täglich von 9.00 bis 17.00 Uhr.

[1] Da er dem Befehl des Papstes vom 29., Jackson anzugreifen, nicht nachgekommen war, wurde Porter am 21. Januar 1863 vor ein Kriegsgericht gestellt und aus der Armee entlassen. Im Jahr 1879 gelangte ein Gremium aus Generaloffizieren, das den Fall prüfte, zu dem Schluss, dass Porter dazu in der Lage sei Jackson nicht wie befohlen erfolgreich angegriffen zu haben, da Longstreets Korps rechts von Jackson und gegenüber von Porter in Position gebracht worden war und dieser dies wusste. Somit konnte der Befehl des Papstes, der ohne Kenntnis dieser Entwicklung verfasst wurde, nicht ausgeführt werden. Präsident Arthur erließ 1882 den Teil des Urteils, der Porter von der Ausübung eines Treuhand- oder Gewinnamts unter der Regierung der Vereinigten Staaten ausschloss. Am 5. August 1886 wurde Porter erneut zum Oberst der Infanterie ernannt und zwei Tage später auf die Ruhestandsliste gesetzt. Trotz seiner endgültigen Rechtfertigung ist die Kontroverse über Porters Aktion am 29. August 1862 in Second Manassas unter Militärstudenten bis heute nicht abgeklungen.

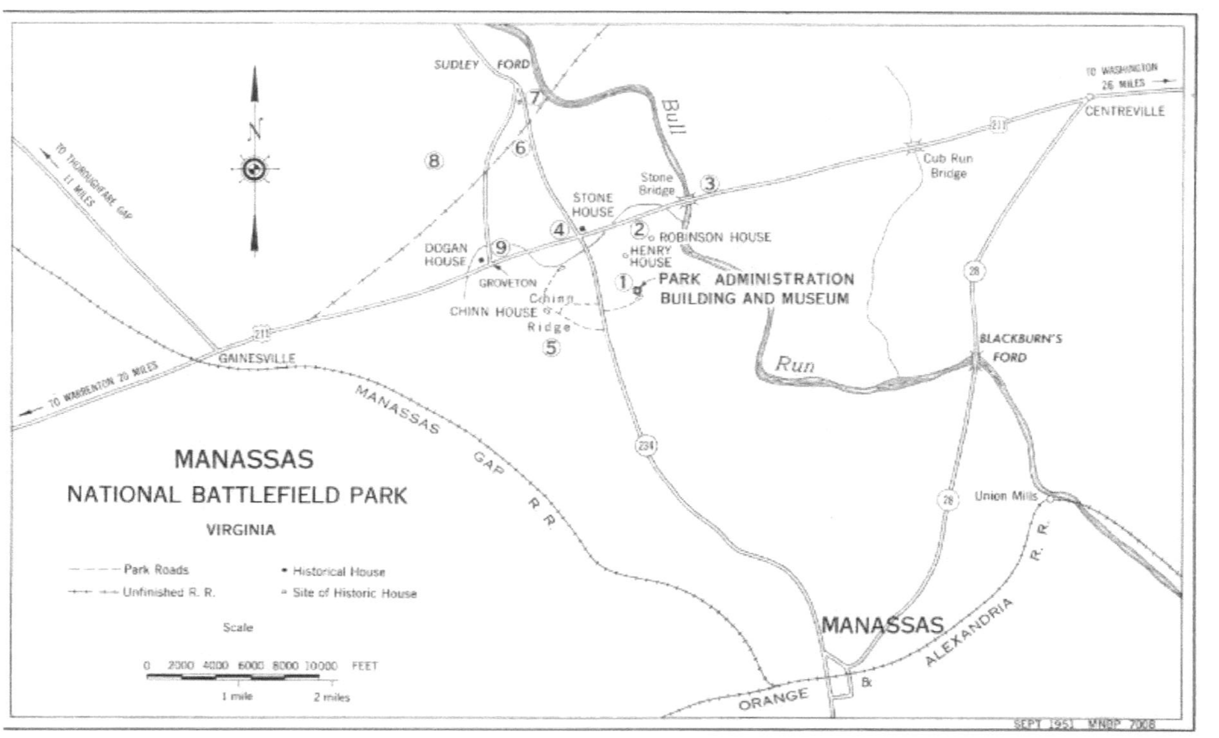

SUDLEY FORD
Bull
TO WASHINGTON 26 MILES
CENTREVILLE
211
Cub Run Bridge
8
6
7
Stone Bridge
3
STONE HOUSE
4
2 ROBINSON HOUSE
HENRY HOUSE
28
DOGAN HOUSE
9
GROVETON
Chinn
1 PARK ADMINISTRATION BUILDING AND MUSEUM
CHINN HOUSE
Ridge
5
Run
BLACKBURN'S FORD
TO THOROUGHFARE GAP 11 MILES
211
GAINESVILLE
TO WARRENTON 70 MILES
234
MANASSAS GAP R R
N
MANASSAS
NATIONAL BATTLEFIELD PARK
VIRGINIA
28 Union Mills
R. R.
Park Roads
Unfinished R. R.
Historical House
Site of Historic House
Scale
0 2000 4000 6000 8000 10000 FEET
1 mile
2 miles
MANASSAS
ALEXANDRIA
ORANGE
Bk
SEPT 1951 MNBP 7008